GISELA STÜBNER

W0229218

Auf dem Weg zu mir

Identität: Wie ich mein Potenzial entfalte

BRUNNEN

VERLAG GIESSEN · BASEL

Gisela Stübner ist Gründerin und Leiterin der christlichen
Lebensgemeinschaft „Neue Hoffnung e.V."
Dort finden Missionare im Heimataufenthalt und hauptamtlich arbeitende
Christen in Deutschland die Möglichkeit einer begleiteten Auszeit: Sie können
körperlich, seelisch und geistlich aufatmen und Seelsorge und Beratung
in ihren Fragen und Konflikten in Anspruch nehmen.
Darüber hinaus besteht die Möglichkeit, Hilfe bei Burn-out zu bekommen.
Außerdem gibt es ambulante Beratung und Seelsorge.
Die Arbeit wird allein von Spenden getragen.

Alle Bibelzitate (mit Ausnahme gekennzeichneter Stellen)
sind der Übersetzung „Hoffnung für alle" entnommen.
Hoffnung für alle, © 1983, 1996, 2002 by International Bible Society.
Übersetzt und herausgegeben durch Brunnen Verlag Basel, Schweiz

LÜ – Lutherbibel, revidierter Text 1984, durchgesehene Ausgabe in neuer
Rechtschreibung, © 1999 Deutsche Bibelgesellschaft, Stuttgart.

© 2007 Brunnen Verlag Gießen
www.brunnen-verlag.de
Lektorat: Petra Hahn-Lütjen
Umschlagmotiv: Ingram
Umschlaggestaltung: Olaf Johannson
Satz: DTP Brunnen
Herstellung: St.-Johannis-Druckerei, Lahr
ISBN 978-3-7655-1379-4

INHALTSVERZEICHNIS

heilende Gegenwart • Strukturierung der Vergangenheit • Anerkennung der Realität • Entscheidung zum Leben • Ausdruck von inakzeptablen Gefühlen und Wünschen • Bewertung des Verlustes • Ziel der Trauerarbeit

Tauwetter
tausendmal gelitten in der Kälte
tausendmal Eisberge gehärtet
– eingefrorene Tränen

aufbewahrt
in Eiskristalle
in Eisklumpen
– ohnmächtig ausgeliefert

kalt und schutzlos
ein Kind
in einer verlassenen Eiswüste
– trostlos

Wärme dringt ein
es taut
Schmerzen
Gefühle erwachen
Schmerzen
ausdruckslos
gefühllos
trostlos

Verloren in der Weite
einer Eiswüste

Wie lange die Sonne braucht?

Wassertropfen
statt Eiskristalle
Eisklumpen schmelzen
mir ist kalt
– eiskalt

„Halte mich fest!",
schreit es aus meinem Innern
Krampfhaft suche
ich dem Schmerz zu entkommen
die Wärme zu finden

„Nicht mehr allein sein in dieser Wüste!"
– in dieser schrecklichen Eiswüste

Wie lange die Sonne braucht?

Es ist Tauwetter
– schrecklich und schön zugleich
– schmerzhaft und befreiend zugleich

Ein großer Strom
ungeweinter Tränen
Er fließt
Es entsteht Leben
Wachstum
Reife

Wie lange die Sonne braucht?

Einleitung

Wachstum, Reife und Entfaltung der Persönlichkeit geschehen im Leben eines Menschen nicht automatisch. Besonders wenn prägende und **verletzende Erfahrungen** einen dicken **Eisklotz** im Herzen des Menschen haben entstehen lassen. Das Bewusstsein der eigenen Würde und der Bestimmung, die Gott für unser Leben hat, kann vor unseren Augen verborgen sein.

Und doch kann die **Sonne der Liebe und Versöhnung Gottes** Unmögliches möglich machen. Durch Gottes liebevolle Vaterhand führt er den Menschen in viele warme und herausfordernde Situationen, die den Eisklotz allmählich zum Schmelzen bringen. Er stellt uns mit Menschen zusammen, die bereit sind zu tragen, zu helfen und herauszufordern. Und das Erstaunliche geschieht: Menschen erleben eine **tief greifende Veränderung**. Sie können ihre Herzen öffnen, um Gottes Liebe aufzunehmen und auszuleben.

Das Gedicht entstand mitten in einem solchen **Prozess der Veränderung und Heilung**, von denen es in meinem Leben viele gab. Ein nicht so einladendes Gedicht. Und doch wage ich es, solche Zeilen an den Anfang meines Buches zu stellen. Es entstand in einer Zeit, in der Gott mir die Augen öffnete, mir behutsam **Wunden meines Lebens** aufzeigte und mir Kraft gab, dem „Eisklumpen" in meinem Innern nicht mehr zu entfliehen. Ich war schon etwa 25 Jahre lang Christin, arbeitete in einem Seelsorge-Zentrum mit, hatte selbst sehr viel Veränderung und Heilung durch Gottes Güte erfahren und gab das auch gern weiter.

Mit anderen Worten: **Ich wusste gar nicht, dass ich diesen Eisklumpen im Innern hatte.** Obwohl mir klar war, dass meine Persönlichkeit immer noch an manchen Stellen blockiert war. Schon seit Jahren war ich auf dem Weg, meine Identität zu finden und eine eigenständige Persönlichkeit zu werden. Allerdings hatte ich mich mit einer **inneren Trauer**, die mich zeitweise überfiel, **arrangiert** und

Gott überlassen. Aber er hatte seine Wege und Zeitpunkte, um mich zur Heilung und **in die Weite** zu führen.

Diese Erfahrungen haben meine Sicht vom **Inneren** des Menschen sehr verändert. Sie gaben mir tiefen Einblick und ein großes Verständnis für Gottes Handeln an uns und für sein großes Angebot, uns tief greifend helfen zu wollen. Viele Menschen sind mir seither begegnet – ob nun in der Seelsorge oder auch in persönlichen Gesprächen –, die Ähnliches erlebt haben. Sie werden in diesem Buch zu Wort kommen. **21 Frauen und Männer zwischen 20 und 45 Jahren** waren bereit, mit geändertem Namen in dem Buch erwähnt zu werden.

Ich habe eine „gestandene Frau" vor Augen. Jahrzehntelang war sie im christlichen Dienst tätig. Viele Menschen sind durch ihren Einsatz gesegnet und beschenkt worden. Aber im Laufe der Jahre zehrte die Erschöpfung an ihr und sie erkannte, dass sie sich selbst immer wieder übergangen hat. Hinzu kam eine Operation, die sie in die Wechseljahre führte. Sie konnte nicht mehr und verstand sich selbst nicht mehr. In der Seelsorge wurde sie mit Problemen aus ihrer Vergangenheit konfrontiert, die sie bis dahin nicht wahrgenommen hat. Es begann ein schmerzhafter Weg heraus.

Eine junge Frau sitzt vor mir und versteht sich selbst nicht mehr. Jahrelang stand sie im Dienst, hatte sich für Jesus eingesetzt und als Missionarin im Ausland gearbeitet. Seit Jahren ist sie gläubig und hat mit ganzer Hingabe und Engagement Menschen zu Jesus geführt. Und nun steht sie vor dem Trümmerhaufen ihres Lebens. Innerlich und äußerlich zerbrochen fragt sie sich verzweifelt, was in ihrem Leben schiefgelaufen ist.

Ein Familienvater ist zutiefst verunsichert. Nach einer theologischen Ausbildung hat er sich in den verschiedenen Gemeinden engagiert, Aufbauarbeit geleistet, nicht nach dem eigenen Vorteil geschaut. Dann wurde ihm plötzlich gekündigt, und er musste von heute auf morgen seine Arbeit verlassen. Er und seine Familie kehrten verletzt an seinen Heimatort zurück, und er rutschte immer mehr in eine Krise hinein, die sein Leben völlig infrage stellte. Er zweifelte immer mehr an sich selbst und verstand sich nicht mehr.

Ein junger Mann spürt eine innere Leere in seinem Herzen. Er ist Christ und möchte Gott von ganzem Herzen dienen. Obwohl er sich in einem christlichen Werk engagiert, das ihm sehr viel Engagement und Hingabe abverlangt und er dies auch gerne auf sich nimmt, wird er von vielen Selbstzweifeln geplagt. Er möchte Veränderung, fühlt sich aber wie gelähmt und außerstande, eine Lösung zu finden.

Man könnte die Schlaglichter aus dem Leben vieler Menschen, die aus unterschiedlichen Gründen irgendwann erkannten, dass sie in ihrem Leben nicht zurechtkamen, fortsetzen. Alle haben eines gemeinsam: Sie wissen nicht, was mit ihnen los ist. Sie glauben an Jesus Christus und möchten ihm von ganzem Herzen dienen – und gerieten doch in eine für sie nicht nachvollziehbare Sackgasse. Manchmal ausgelöst durch eine Krise oder den Entschluss, persönliche Hilfe in Anspruch zu nehmen, entdeckten sie, dass sie sich selbst im Grunde nicht ganz verstehen. Sie sind sich selbst ein Rätsel.

Kommt man mit ihnen ins Gespräch, dann sind die meisten betrübt über ihr „mangelndes Christenleben". Sie gehen oft hart mit sich selbst ins Gericht oder sind einfach enttäuscht über ihren geringen inneren Bezug zum lebendigen Glauben. Versucht man sie an dieser Stelle abzuholen und zu ermutigen, Gottes Wort zu vertrauen und seine Hilfe in Anspruch zu nehmen, gelingt das auch, aber nur für eine gewisse Zeit. Eine innere Lähmung hält sie gefangen, gegen die sie nicht anzukommen scheinen.

Das Buch ist an Menschen gerichtet, die
- selbst auf der Suche nach ihrer Identität sind oder sich erneut auf die Suche begeben wollen
- gar nicht recht wissen, dass sie an manchen Stellen keine Identität

besitzen, sondern nur merken, dass irgendetwas bei ihnen nicht stimmig ist

- andere unterstützen möchten, Gottes Heilung und Liebe in dem Bereich der Persönlichkeitsreifung zu finden
- Gottes Plan der Persönlichkeitsnachreifung kennen lernen möchten und gleichzeitig den Mut haben, sich auf diesen Weg einzulassen
- nach weiterer Entfaltung ihrer Persönlichkeit unter Gottes Führung suchen

Es ist an Menschen gerichtet, die auf der Suche nach der Wahrheit sind – die Wahrheit über die Identität, die Gott uns zuspricht und die Identität, die wir nur in Gott, unserem Schöpfer, finden können. Das Buch möchte Anregungen bieten, sich selbst auf den Weg zu machen, um Gott in dieser Sache zu suchen und den eigenen Weg zu finden. Dabei ist es ratsam, sich mit einem anderen Menschen auf diesen Weg zu begeben: In einem Gegenüber finden wir Annahme, Ermutigung und Trost, um manche Wüstenstrecken durchstehen zu können und neue Verhaltensweisen einzuüben.

Ich bin zutiefst davon überzeugt, dass Gott uns als Originale geschaffen hat. Jedem seiner wertvollen Geschöpfe hat er Gaben und Grenzen gegeben. Er ruft den Menschen bei seinem Namen (Jes. 43,1) und möchte sich ihm offenbaren. Aber nicht nur das, sondern er kam in Jesus Christus selbst auf diese Erde, um uns den Vater im Himmel zu zeigen (Joh. 14,6). Und dieser wunderbare Gott zeigt uns seine Liebe, indem er unsere Schuld auf sich nahm, damit wir erhobenen Hauptes als Söhne und Töchter Gottes leben können. Jesus zeigte uns, was Leben heißt. Er zeigte uns, was Menschsein bedeutet. Er ist das wichtige Vorbild und die größte Herausforderung. Und um das Ganze noch zu übertreffen: Gott hat sich dafür entschieden, in unseren Herzen zu wohnen, wenn wir ihn einladen (Joh. 4,23 LÜ; Kol 1,27 LÜ). Und dadurch hat er uns die Möglichkeit gegeben, uns in unserer Persönlichkeit unserer Bestimmung gemäß entfalten zu

können. Er lädt uns ein, dass sich seine Herrlichkeit in allen praktischen Bereichen unseres Lebens verwirklicht. Und es lohnt sich, dafür alles einzusetzen, was wir haben.

„Ringe um Verstand und Urteilskraft, suche danach voller Eifer
wie nach einem wertvollen Schatz! Dann wirst du Gott immer besser
kennen lernen und Ehrfurcht vor ihm haben. Er allein gibt Weisheit,
und nur von ihm kommen Wissen und Urteilskraft."(Spr. 2,3-6)

Meine eigene Erfahrung war allerdings, dass diese wunderbaren Tat-
sachen und Verheißungen über einige Jahre meines Lebens wenig Zugang zu meinem Herzen fanden. Zwar lernte ich im Laufe der Zeit,
sie im Glauben in Anspruch zu nehmen, aber immer wieder stieß ich
auf eine für mich nicht erklärbare Unfähigkeit, sie mit meinem inneren Menschen zu erfassen. Die Gründe waren vielfältig, und vieles
davon wird in dem Buch zur Sprache kommen.

Mein Wunsch ist es, dass ich manchem Menschen behilflich sein
kann, dass er sich besser versteht und den Mut findet, sich auf einen
Prozess der Heilung einzulassen. Vielleicht wird es ihm möglich sein,
dadurch nicht so lange im Dunkeln tappen zu müssen, wie das bei
mir der Fall war.

Gisela Stübner, im Frühsommer 2006

Kapitel 1

Gottes Plan für unser Leben

Wir sind gewürdigt • Unsere Identität entwickelt sich •
Diese Entwicklung braucht meine Mitarbeit • Wie kann ich
meine persönliche, einzigartige Identität entdecken? •
Warum ist die Entwicklung der eigenen Identität wichtig? •
Die männliche und weibliche Identität • Die Rolle von Vater und
Mutter in der Identitätsentwicklung

Wir sind gewürdigt

Jeder Mensch besitzt eine Identität. In der Regel macht man sich darüber keine Gedanken. Man lebt sie einfach. Sie ist uns zugesichert von höchster Stelle: Gott selbst spricht sie uns zu. In Ländern, in denen wir das Vorrecht haben, einen Pass zu besitzen, können wir unsere Identität vorzeigen und sind aufgrund unserer Staatsangehörigkeit geschützt. So sind wir auch als Kinder Gottes geschützt, durch unseren „Pass" des Glaubens an Jesus Christus.

Unsere Identität, die Gott uns zugesprochen hat, beschränkt sich aber nicht nur auf unseren Namen, unsere Adresse und unsere Staatsangehörigkeit. Er hat uns gewollt und geschaffen zu seinem Ebenbild. Wir sind kostbar in seinen Augen, geliebt, beim Namen genannt, wertgeachtet – unabhängig von unserem Stand, unserer Bildung, unserer Kraft und unserem Aussehen. Diese Ebenbildlichkeit würdigt uns und schafft die Grundlage für unsere menschliche Existenz, für unsere Gaben und Grenzen. Unsere Bestrebungen, unsere Gefühle, unser Verstand, die Fähigkeit schöpferisch tätig zu sein sind Kennzeichen dieser Ebenbildlichkeit. Wir sind Originale, keine Kopien. Jeder Mensch ist ein Unikat, sorgfältig gebildet von Gottes Schöpferhand.

Unsere Identität entwickelt sich

Nun hat es Gott gefallen, dass wir als hilflose Babys zur Welt kommen – mit allen wertvollen und einzigartigen Anlagen, die nun zur Entfaltung gebracht werden sollen. Und dafür schenkte Gott die Familie, einen Vater und eine Mutter, die wiederum in ihrer Einheit Gottes Ebenbildlichkeit widerspiegeln. Unsere Identität wird uns durch sie vermittelt und zur Entfaltung gebracht. In der Beziehung und dem Gegenüber von Mutter und Vater und später von weiteren Menschen entdecke ich immer mehr, wer ich bin und wer ich nicht bin. „Wie sich im Wasser das Angesicht spiegelt, so ein Mensch im Herzen des andern" (Spr. 27,19 LÜ). In einer Beziehung des Vertrauens und der Liebe, einem Raum der Geborgenheit, wächst und gedeiht unsere Persönlichkeit und bildet die Grundlagen für die schrittweise Entwicklung zur Reife und zum Aufbau unserer erwachsenen Identität. Sie entfaltet sich im Laufe unseres Lebens und wird in einer Atmosphäre der Geborgenheit und des Vertrauens unterstützt und begleitet. Das gibt mir die Grundlage, mich eines Tages vom Elternhaus zu lösen und in eine weitere selbstständige Entfaltung hineinzuwachsen. Ich werde befähigt, mir selbst treu zu sein und zu bleiben, auch wenn ich nicht immer mit anderen übereinstimme.

In dem hilfreichen Buch „Mut zur Reife" von Frank und Catherine Fabiano schreiben die Autoren: „Reif wird man nicht von heute auf morgen. Dieser Zustand fällt auch nicht im fortgeschrittenen Alter an irgendeinem runden Geburtstag einfach so vom Himmel herunter. Sich auf die Reise zu begeben ist dabei wichtiger, als möglichst

schnell am Ziel anzukommen. ‚Reif werden' ist ein Prozess der Ver-
wandlung, auf den man sich bewusst und absichtlich einlassen muss.
Er geschieht nicht von selbst.“

Diese Entwicklung braucht meine Mitarbeit

Unsere Identität braucht zwar einen Raum und Nährboden, um sich
zu entwickeln, aber sie bedarf auch unserer aktiven Mitarbeit. Wir
tragen Verantwortung dafür. Das Leben stellt uns viele Fragen, und
wir haben die Wahl, uns diesen Fragen zu stellen oder unsere Augen
davor zu verschließen.

Ob wir in einer aktiven Identitätsentwicklung stehen, können wir
am besten testen, wenn wir Antworten gefunden haben auf folgende
Fragen:

Wer bin ich?
• Was sagen mir meine Gedanken und Gefühle, wer ich bin?
• Empfinde ich mich selbst als wertvoll?
• Welche Charaktereigenschaften kann ich benennen?
• Wer bin ich ohne Arbeit und Leistung?
• Welche Gedanken klagen mich heute noch an?

Wozu lebe ich?
• Empfinde ich mein Leben als sinnvoll?
• Welche Ziele habe ich schon für mein Leben überlegt?
• Was denke ich vor dem Einschlafen bzw. morgens, wenn ich auf-
  wache, wozu ich lebe?

Wie möchte ich Beziehungen leben?
• Welche Beziehungen fühlten sich in meinem Leben wertvoll und
  hilfreich an?
• Wie möchte ich Menschen sagen, dass ich Zeit mit ihnen verbrin-
  gen will?

- Kann ich mich abgrenzen, oder meine ich die Erwartungen erfüllen zu müssen?

Diese Fragen werden wir uns im Laufe unseres Lebens mehrfach stellen müssen, da wir im Alter von 20 Jahren ganz andere Antworten geben als mit 30, 40 oder 50 Jahren.

Es ist die Frage: Lebe ich oder werde ich von den Umständen, von anderen Menschen gelebt? Gestalte ich mein Leben kreativ mit, oder gestalten andere das Leben für mich? Manchmal scheint es bequemer zu sein, mit der „großen Masse" mitzuschwimmen – zu denken, zu fühlen und zu handeln wie alle anderen. Anders sein bedeutet aber nicht unbedingt dagegen sein oder schlechter sein.

Gott hat jedem von uns eine Bestimmung gegeben – eine einzigartige Bestimmung und gleichzeitig die Herausforderung und Verantwortung, uns mit dieser Art in eine bestehende Gemeinschaft zu integrieren.

Wie kann ich meine persönliche, einzigartige Identität entdecken?

Entdecker sind Menschen, die etwas finden, was vorher schon da war, aber bisher unbekannt geblieben ist. Als Kolumbus Amerika entdeckte, existierte dieser Kontinent schon lange, bevor er ihn betrat.

Und so hat Gott unsere Identität schon lange vorher in uns hineingelegt und kennt sogar schon unsere Entfaltung:

„Schon als ich im Verborgenen Gestalt annahm, unsichtbar noch, kunstvoll gebildet im Leib meiner Mutter, da war ich dir dennoch nicht verborgen. Als ich gerade erst entstand, hast du mich schon gesehen. Alle Tage meines Lebens hast du in dein Buch geschrieben – noch bevor einer von ihnen begann." (Ps. 139,15.16)

Die Ebenbildlichkeit des Menschen gibt ihm die Fähigkeit, sich seiner selbst bewusst zu werden. Er kann denken, wollen, fühlen, handeln ... und sich darüber klar werden. Er hat die Wahl, sich zu entscheiden, und kann es auch.

Wir alle werden geprägt vom Elternhaus, aber je mehr sich unser Bewusstsein über uns selbst entwickelt, umso mehr haben wir die Möglichkeit, unser Leben selbstständig zu gestalten und eigene Entscheidungen zu treffen.

Möchte ich also meine Identität entdecken, dann kann ich mich auf den Weg machen, mich selbst zu entdecken, d. h. mich selbst kennen zu lernen. Das ist leichter gesagt als getan, da wir Menschen dazu neigen, uns nicht so gern betrachten zu wollen. Angst vor unseren Stärken und die damit verbundene Verantwortung schrecken uns vielleicht ab. Oder Angst vor unseren Schwächen und Defiziten, weil wir uns ihrer schämen. Oder Angst vor den inneren Rätseln, den unterschiedlichsten Gefühlen, von denen wir spüren, dass wir nicht gleich eine Antwort haben.

Zuerst geht es darum, sich selbst wahrzunehmen, ohne sich selbst zu beurteilen oder gar zu verurteilen. Unsere Art lässt sich nicht nur in „gut" und „schlecht" aufteilen. Wir können einen anderen Menschen nie wirklich kennen lernen, wenn wir ihn nur nach diesen beiden Kriterien betrachten; und das gilt auch für uns selbst.

Stellen Sie sich die Fragen:
- Wie reagiere ich
  – bei der Arbeit?
  – in meinen verschiedenen Beziehungen?
  – auf Kritik?
  – wenn mich jemand lobt?
- Was befriedigt mich in meinem Leben, was nicht?
- Welche Wünsche und Bedürfnisse kann ich spüren und benennen?

Ich kann mich nun auf den Weg machen, mich selbst ehrlich wahrzunehmen und meine Art zu entdecken. Da werden die unterschiedlichen Facetten zum Vorschein kommen, mit denen ich nun aktiv mein Leben gestalten kann. Ich kann mich fragen:

- Möchte ich weiterhin so leben und reagieren?
- In welchen Punkten möchte ich mich verändern?
- Was hindert mich daran, mich zu verändern?

Dabei brauche ich eine Orientierung. Was ist eigentlich gut für mich? Wie sollte ich eigentlich reagieren? Diese Orientierung möchte mir Gottes Wort sein. Gott hat Gutes vor für mein Leben. Weiß ich das? Oder bekomme ich nur ein schlechtes Gewissen und denke, das, was Gott will, kriege ich sowieso nicht hin, oder ich will immer, was er nicht will?

Sprechen Sie am besten mit einem anderen Menschen darüber, der Sie versteht und gut kennt. Oftmals ist es eine Hilfe, sich einen Seelsorger oder Mentor zu suchen, um mit ihm diese Fragen und Antworten durchzusprechen.

Gott möchte uns als Gegenüber haben. Er liebt uns, achtet uns und sieht unsere wertvolle und kostbare Seele, unser Innerstes. Und er möchte mit uns ins Gespräch kommen. Er selbst. Wenn wir einfach nur die Sicht anderer Menschen (über uns oder über Gott) übernehmen, haben wir eine Abkürzung gewählt. Gott schenkt uns die Würde zu einer tiefen Begegnung mit ihm und lädt uns ein zu entscheiden, ob wir uns seinem Willen anschließen wollen.

Mein eigenes Leben war lange Zeit von einer Suche nach meiner Identität geprägt. Aufgrund mancher Umstände wuchs ich in einer großen Verlassenheit auf, die es mir schwer machte, meine eigenen Wünsche und Bedürfnisse wahrzunehmen, meinen Wert zu erkennen und Selbstachtung aufzubauen. In der Beziehung zu Menschen, die bereit waren, mir ein heilsames Gegenüber zu sein, lernte ich mich kennen und konnte mich im Laufe der Zeit besser wahrnehmen. Dadurch konnte ich mich Gott gegenüber mehr öffnen, seine Liebe erfahren und zu einem eigenen Weg finden. Schmerzvoll erlebte ich, dass meine Eltern mit meinem Lebensweg nicht einverstanden waren. Aber gerade dadurch wurde mir klar, dass ich mich über weite Strecken ihren Vorstellungen angepasst hatte, um nicht abgelehnt zu werden. In der Beziehung zu Menschen und in der Seelsorge lernte ich nun, diesen Weg zu verlassen und einen neuen, guten Weg einzuschlagen.

Warum ist die Entwicklung der eigenen Identität wichtig?

Weil Gott ein ganzes Ja zu unserer Art und unserer Bestimmung hat. Er gibt uns die Freiheit, die zu werden und die zu sein, die wir sind.

Bezogen auf unser geistliches Leben lesen wir in Eph. 4,13.14:

„... Wir sollen zu mündigen Christen heranreifen, ... in denen Christus mit der ganzen Fülle seiner Gaben wirken kann. Dann sind wir nicht länger wie unmündige Kinder, die sich von jeder beliebigen Lehrmeinung aus der Bahn werfen ... lassen."

Und was für das geistliche Leben zutrifft, ist auch im menschlichen Leben das Natürliche. Dieses Wachstum zur Reife hat Gott in die Verantwortung des Menschen gelegt, und er ermutigt uns dazu, herauszutreten aus unserer Schutz- und Abwehrhaltung und unter seiner Führung unsere eigene Originalität zu entwickeln, also mündig zu werden. Und Mündigkeit ist eigentlich der reife Umgang mit unseren Gefühlen, Gedanken und unserem Willen in Bezug auf uns selbst, andere Menschen und im alltäglichen Leben.

Josef, der viel Leid verkraften musste, drückt seine innere Entwicklung bei der Geburt seines zweiten Sohnes in Ägypten aus: „Gott hat mich wachsen lassen im Lande meines Elends." (1. Mo. 41,52 LÜ)

Und wenn man seine Biografie liest (1. Mo. 37-50), erkennt man an seinen Reaktionen, dass er sich in allen Leidenserfahrungen nicht zurückgezogen und abgeschottet hat, sondern gereift ist. Genauso gut hätte er mit Groll und Bitterkeit reagieren können. Sein Lebensweg hätte dann allerdings einen anderen Verlauf genommen und nie die Identität und Bestimmung gefunden, die Gott ihm zugedacht hatte.

Kerstin, eine christliche Beraterin, die sich mit Identität beschäftigte, drückte ihre Gedanken einmal so aus:

> „Ich denke, Identität kann man aus zwei Blickwinkeln betrachten: passiv und aktiv.
>
> Passiv meint Identität alle Merkmale, die einen Menschen in seiner Einzigartigkeit bestimmen: Erbanlagen, Körperbau, Intelligenz, Charakter, Fähigkeiten, Beziehungsstil ... Aber: Das Ganze (der Mensch) ist mehr als die Summe seiner Teile.
>
> Und genau dieses einmalige Zusammenwirken macht die Identität aus.
>
> Aktiv verstanden ist Identität das in der Beziehung zur Umwelt, Menschen, Gott und sich selbst gelebte Menschsein, das voraussetzt, dass ich mir meiner selbst bewusst bin. So verstehe ich Identität als eine Aufgabe, die Gott mir als Mensch gegeben hat: Mich selbst entdecken, ausprobieren, das Leben in den verschiedenen Bezügen aktiv gestalten.
>
> Ich bin froh, dass es dabei nicht um Selbstverwirklichung geht, sondern ich dabei in das hineinwachsen darf, was Gott schon vorbereitet hat.
>
> Eine besondere Seite der Identität ist die geistliche Dimension: Ich bin Gottes Kind, Geliebte, Auserwählte Gottes, Heilige. Diese Identität spricht Gott mir zu, ist Geschenk, aber auch hier ist es meine Aufgabe, hineinzuwachsen und diese Identität auch zu leben."

Die männliche und weibliche Identität

Ich möchte einige Aspekte der männlichen und weiblichen Identität aufzeigen, da es in der Entwicklung doch einige Unterschiede gibt, beschränke mich aber auf einige Hauptpunkte. Eine ausführliche Beschreibung würde den Rahmen des Buches sprengen.

Die männliche Identität äußert sich im kraftvollen Handeln mit Initiative und Tatkraft. Ein Mann möchte Schwierigkeiten anpacken und überwinden. Er möchte „Wolkenkratzer" aufbauen. Die Schwerpunkte können in praktischen Fähigkeiten des Know-hows liegen oder im geistigen Bereich. Er hat das Bestreben zu gestalten und Neues zu schaffen, eine Familie zu gründen und Leben geben, aber auch väterliche Fürsorge und Zärtlichkeit entwickelt sich in ihm. Er möchte die Autorität haben zu sprechen, zu handeln und zu schaffen in unterschiedlichen Bereichen des Lebens, in Familie und Beruf.

Um in diese Identität hineinzuwachsen, braucht der Junge einen Vater, der ihm bei der praktischen Ausprägung dieser Identität zur Seite steht, ihn fördert und ermutigt. Einen Vater, der ihm auch im Umgang mit der Mutter ein Vorbild ist. Und eine Mutter, die ihn liebt und loslassen kann, hilft ihm, eine positive Sicht für Frauen zu gewinnen. Er braucht außerdem auf seinem Lebensweg gute Vorbilder, die ihn in seiner Entwicklung unterstützen.

Die weibliche Identität möchte in sich selbst ruhen, sein. Eine Frau reagiert, möchte gute Beziehungen leben, möchte versorgen und empfangen. Sie entwickelt Charme, hat einen großzügigen Geist und ist gern im Gespräch. Sie liebt es, in Weisheit zu antworten und zu reagieren. Ihre Kraft liegt im Verbinden und Einladen, im Gebären von Leben – indem sie Kinder bekommt oder in geistiger und emotionaler Mutterschaft als Mentorin, Gastgeberin oder Leiterin.

Um den Mut zu haben, zu solch einer Frau heranzureifen, braucht sie eine Mutter, mit der sie sich identifizieren kann, die sie liebt und wertschätzt und die ihr die Freiheit gibt, ihre eigene weibliche Persönlichkeit zu finden. Das Mädchen braucht einen Vater, der sie schützt und ihre Weiblichkeit wahrnimmt und fördert.

Reife Männer und Frauen haben freilich beide Elemente – das weibliche und männliche – in ihrem Wesen ausgebildet. Paulus ist dafür ein gutes Beispiel. Er schreibt davon in 1. Thess. 2,7-12. Hier einige Auszüge: „... bewegte uns nichts anderes als unsere Liebe zu euch – eine Liebe, wie sie eine Mutter für ihre Kinder empfindet. Weil wir euch so lieb gewonnen haben, waren wir nicht nur dazu bereit, euch Gottes Botschaft zu verkündigen, sondern auch uns selbst, unser ganzes Leben für euch einzusetzen ... Denkt ihr noch daran, dass ich für euch gesorgt habe wie ein Vater für seine Kinder sorgt? Dass ich euch ermahnte und ermutigte ...“

Im Anhang finden Sie unter Weiterführende Literatur* dazu Buchvorschläge, wenn Sie tiefer in dieses Thema einsteigen möchten.

Die Rolle von Vater und Mutter in der Identitätsentwicklung

Die Eltern spielen eine entscheidende Rolle in der persönlichen Entwicklung des Kindes. Sie legen die Grundbausteine für sein Leben. Sie schaffen ihm ein sicheres und geborgenes Zuhause und die Erlaubnis, sich eigenständig zu entwickeln. Aus dieser Erfahrung heraus kann es seine Kraft und Stärke entwickeln und ausdrücken, schöpferisch tätig sein und Beziehungen eingehen. Jungen und Mädchen haben unterschiedliche Entwicklungsprozesse, was Bindung und Identitätsentwicklung angeht. Beide verbinden sich zunächst mit der Mutter, aber der Junge muss sich allmählich von der Mutter trennen, um sich mit dem Vater zu verbinden und sich mit ihm zu identifizieren. Er bewegt sich also weg von der Mutter hin zum Vater. Das Mädchen dagegen bleibt in der Verbundenheit mit der Mutter und braucht den Vater, der sie zum einen schützt und stärkt und ihr aber dann auch hilft, sich von der Mutter zu lösen, um eine eigenständige Persönlichkeit zu werden.

Voraussetzung für diese Entwicklung ist, dass Mutter und Vater emotional anwesend sind und ihren Kindern auf dem Weg ins Leben zur Seite stehen.

Wenn Sie sich näher mit dem Thema beschäftigen wollen – gerade auch, welche Auswirkungen es hat, wenn solch eine Beziehung nicht gelingt –, finden Sie wiederum im Anhang unter Weiterführende Literatur** einige Buchvorschläge.

KAPITEL 2

DIE REALITÄT DES LEBENS

> Die Identitätsentwicklung kann Schaden leiden • Was können
> die Konsequenzen sein? • Woran kann ich eine nicht gelungene
> Identitätsentfaltung erkennen?

Die Identitätsentwicklung kann Schaden leiden

Es gibt vielfältige Gründe, dass ich nicht den Mut habe, zu meiner
Art zu stehen und in der Verantwortung vor Gott zu wachsen und zu
reifen.

Maria, die sich auf den Weg machte, drückte es so aus:

> „Ich hatte lange Zeit kaum ein Bewusstsein über meine Identität.
> Meine Persönlichkeit hatte sich nie ganz entfaltet. Als ich begann, nach
> meiner Identität zu suchen, entdeckte ich, dass sie vollständig in mir
> war – wie eine Knospe, an der immer mehr Blüten zur Entfaltung kom-
> men. Je mehr ich mich selbst kennen lernte, umso mehr entfaltete sich
> meine Identität, umso mehr wurde ich wirklich ich. Was ich stattdessen
> jahrelang ‚gebaut‘ hatte, waren Scheinidentität, Abwehrmechanismen,
> Schutzmauern, – sie verloren an Kraft und Sinn, je ehrlicher ich mich
> auf die Suche nach meiner wirklichen Identität machte. Doch ich
> brauchte Zeit, um mich selbst immer tiefer kennen zu lernen. Die Er-
> satzidentitäten können so tief sitzen und so echt aussehen."

Die Grundlage unserer eigenen Identität wird schon im Mutterleib
gelegt:

„Du hast mich geschaffen – meinen Körper und meine Seele, im Leib meiner Mutter hast du mich gebildet. Herr, ich danke dir dafür, dass du mich so wunderbar und einzigartig gemacht hast! Großartig ist alles, was du geschaffen hast – das erkenne ich." (Ps. 139,13.14). Und das Bewusstsein darüber wird im Elternhaus gefördert. Es kann aber auch gehemmt und verbogen werden. Nicht immer sind sich die Eltern darüber im Klaren, und sie meinen es besonders gut zu machen, wenn sie viel für das Kind tun und entscheiden. Sie verhindern so aber, dass ihr Kind *selbst* diese wesentlichen Dinge lernt; sie halten es „klein", statt es in die Selbstständigkeit zu führen, was ihre erste elterliche Aufgabe wäre. Vielleicht haben es die Eltern selbst nicht erlebt und sind durch manche verletzende Erfahrungen nicht mehr offen und bereit, ihre Kinder in liebevoller Weise ins Leben zu begleiten. Sie brauchen selbst Liebe und Zuwendung und sind zu sehr mit sich selbst beschäftigt. Manchmal wird Kindern von den Eltern vermittelt, dass sie für sie da sein müssten, besonders wenn die Ehepartner keine erfüllende Beziehung erleben können. So kann das Kind zum Partner-Ersatz werden. Manche Eltern betrachten ihre Kinder als ihr persönliches Eigentum und hindern sie an ihrer Entfaltung, indem sie sie nur so annehmen, wie sie es für richtig finden und alle Andersartigkeit ablehnen.

In vielen Familien gibt es aber auch Gleichgültigkeit und allgemeinere Ablehnung. Kinder leiden unter Streit und Hass und stehen als Prellbock zwischen ihren Eltern, werden durch die Konflikte hin- und hergerissen. Es kann zur mangelnden Akzeptanz des Kindes kommen, z. B. seines Geschlechts, seiner Art. Solche Unfähigkeit der Eltern oder eines Elternteils, eine Beziehung zu dem Kind zu haben, kann beim Kind eine innere Verletzung verursachen. Manche erleben schon früh die Verletzung ihrer persönlichen Würde durch emotionalen, sexuellen oder körperlichen Missbrauch. Wieder andere werden nicht akzeptiert in ihrer persönlichen Art zu fühlen und zu denken. Manchmal sind Kinder auch sich selbst überlassen, weil die Eltern beruflich sehr eingespannt sind und keine Zeit mehr für sie haben.

Es entsteht ein Wechselspiel von Aktion und Reaktion, und das Kind zieht sich zurück, um sich selbst zu schützen. Es lehnt sich selbst ab, weil es sich von den Eltern nicht angenommen fühlt.

Als ich 16 Jahre alt war, berichtete mir meine Mutter, dass sie mich eigentlich gar nicht haben wollte. Sie hatte schon zwei Kinder und große Mühe, als sie wieder schwanger war. Als sie mir das offenbarte, war ich noch nicht reif genug, diese Offenheit zu verkraften. Es bestärkte bei mir das Gefühl, dass ich nicht liebenswert bin. Es traf genau auf meine innere Einstellung, die ich bis dahin ohne jede Gefühlsregung „akzeptiert" hatte: „Du bist irgendwie komisch und anders. Dich kann keiner mögen."

In dem lesenswerten Buch von Adrian Plass „Ein Lächeln auf dem Gesicht Gottes" wird die Lebensgeschichte eines sehr verletzten Mannes geschildert, der den Weg zur Heilung findet. Hier ein Auszug:

„Als der nächste Brief mit der Handschrift der Mutter auf dem Umschlag ankam, riss er ihn begierig auf und überflog eilig die Seiten auf der Suche nach einer Reaktion. Doch es gab keine Bemerkung zu seiner Bekehrung. Nicht ein Wort, weder in diesem Brief noch im nächsten. Es war, als hätte er sie nie erwähnt. Obwohl es ihm das Herz brach, war es doch nicht das Gleiche wie früher. Er hatte gehofft, dass die Erfahrung seiner Wiedergeburt ihn von der lähmenden emotionalen Abhängigkeit befreien würde, die ihn noch immer an seine Mutter band, dieses alte, schmerzliche Bedürfnis, sich ihre Wertschätzung und Liebe zu sichern. Teilweise war dies geschehen. Es gab etwas Neues, an dem er sich festhalten konnte. Dass seine Mutter nicht auf die Neuigkeiten reagierte, verletzte ihn sehr, aber das Fass war nicht mehr ohne Boden und auch nicht leer."

Aufgrund der unterschiedlichen Erfahrungen im Elternhaus können unbemerkt wichtige Entwicklungsprozesse gehemmt werden. Manchmal sind es nur Teilbereiche, in denen sich das Kind in eine Nische zurückzieht und nicht mehr den Mut hat, sich zu entfalten. Dieses Zurückziehen hat Auswirkungen auf unseren Verstand, unseren Willen und unsere Gefühle. Sehen wir uns die Entwicklung an im Vergleich zur die Entwicklung unseres Verstandes, unseres Willens und unserer Gefühle:

Die Möglichkeit der Entfaltung	Gehemmte Entfaltung
Die Entwicklung des Verstandes	
• selbstständig denken lernen	• andere für sich denken lassen
• Durchdenken lernen, um zu einem selbstständigen Ergebnis zu kommen, abhängig von Menschen und Umständen	• Denken und Entscheidungen unabhängig von Menschen und Umständen
• Reife im Denken und Handeln	• Unfähigkeit, zu Klarheit und Reife zu kommen
• Eigenständigkeit	• Abhängigkeit
Die Entwicklung des Willens	
• Entscheidungen treffen	• sich vor Entscheidungen drücken
• Durchhaltevermögen entwickeln	• wenig Durchhaltevermögen
• vertrauensvoller Gehorsam	• Rebellion durch Misstrauen
• Eigenständigkeit des Willens	• Abhängigkeit von der Meinung anderer
Die Entwicklung der Gefühle	
• Gefühle empfinden und ausdrücken	• Gefühle kaum erkennen und nicht einordnen können
• Gefühle leben und beherrschen lernen	• Gefühle ausleben oder unterdrücken
• Eigenständigkeit der Gefühle, unabhängig von Menschen und Umständen	• Abhängigkeit von Gefühlen und Umständen

Aber auch die Einstellung zum Leben, zu anderen wird dadurch geprägt. Wie ich das Leben sehe, ob ich mich überfordert fühle oder das Leben anpacken kann. Wie ich in Beziehungen zurechtkomme und meine Integration in eine Gemeinschaft schaffe.

Die Entwicklung unserer Identität gelingt, wenn ich die Möglichkeit habe, mich in den Bereichen von Verstand, Wille und Gefühl zu entfalten. Reife bedeutet, in einem guten Zusammenspiel von Verstand, Wille und Gefühl leben zu können, in den ganz praktischen Bezügen des täglichen Lebens und im Umgang mit anderen Menschen. Das ist möglich, wenn sich die Identität entfalten konnte.

Menschen, die in ihrer Entwicklung nicht zur Reife gekommen sind, flüchten sich oftmals in den sachlichen Bereich. Sie versuchen das Leben in erster Linie mit ihrem Verstand zu erfassen, haben aber wenig Einfluss auf ihre Gefühle oder werden von Gefühlen bestimmt, die sie nicht erklären können. Oder sie leben in erster Linie nach ihren Gefühlen und haben nie gelernt, sie mit ihrem Verstand zu ordnen. Und es kann noch dazukommen, dass sie nicht immer wissen, was sie eigentlich wollen, und wenn Entscheidungen anstehen, fühlen sie sich hilflos und finden zu keiner Klarheit.

„Mir fehlte in vielen Bereichen ein Bewusstsein darüber, wer ich bin. Ich lebte sozusagen ‚aus dem Bauch raus', hatte in mir eigentlich Fragen ohne Ende, die ich aber nie ernsthaft stellte, weil ich entweder gar nicht wusste, dass ich sie hatte, oder dachte, dass es darauf sowieso keine Antwort gibt. Weil ich mich selber nicht verstand, verstand ich auch andere nur begrenzt, und erkannte viele Lebenszusammenhänge nicht. Ich fühlte mich dem Leben nicht gewachsen. Ich orientierte mich in meinem Nachdenken nicht an den wirklichen Lebenszusammenhängen, sondern an meinem begrenzten Verständnis davon."
Maria

Was können die Konsequenzen sein?

Die Folgen sind individuell. Jeder reagiert auf seine Weise. Oftmals bleiben die Auswirkungen tief verborgen, bis sie durch Krisen im Leben zum Vorschein kommen können.

Manche empfinden es wie einen Nebel, der sich auf das gesamte Erleben und Empfinden des Einzelnen legt: Man weiß nicht so richtig, wer man eigentlich ist, was man will, und man hat Probleme, einen Bezug zu sich selbst herzustellen. Man findet sich wieder in einem großen Fragezeichen und oftmals insgeheim in einem Nein zum Leben, zu sich selbst, und hat Mühe in Beziehungen zu anderen Menschen und zu Gott.

> „Zum ersten Mal wurde ich mit dem Thema Identität mit 18 Jahren konfrontiert. Zum ersten Mal von zu Hause weg und in einer sehr einsamen Situation tauchte bei mir die Frage auf: ‚Wer bin ich?‘ Ich konnte keine andere Antwort darauf finden als die, die meinem Gefühl entsprach: ‚Ich bin ein Nichts‘. Daher war die Frage nach der Identität für mich eine sehr quälende Frage."
> Magdalene

Eine nicht gelungene Persönlichkeitsentwicklung zeigt sich auch im Verhalten. Ein typisches Verhaltensmuster im alltäglichen Leben zeichnet sich aus durch angepasstes Verhalten, großes Pflichtbewusstsein, Minderwertigkeitsgefühle und Vergleichsdenken. Irgendwie fühlt man sich unbefriedigt, hat Schwierigkeiten, sich eine eigene Meinung zu bilden. Sich über etwas klar zu werden, sich auszudrücken und eine Entscheidung zu treffen kann zum Problem werden. Oftmals fühlt man sich überfordert. Andere empfindet man in der Regel kompetenter und besser. Manchmal weiß man gar nicht, was man eigentlich denkt und fühlt, und spürt, dass einem irgendetwas fehlt.

Unbewusst ist man immer auf der Suche nach dem, was einem fehlt und versucht es zu finden. Dabei gerät man leicht in noch tiefere Probleme hinein, die einen dann dazu bringen, für Hilfe offen zu werden.

Die Sehnsucht nach Zuwendung und Liebe kann zu Abhängigkeiten führen. Oder man sucht Erfüllung im Essen, was zu Ess-Störungen führen kann. Arbeit und Leistung können zum Ersatz werden. Man sucht in einem perfekten Verhalten die Lösung und findet sich im Perfektionismus wieder. Die Sexualität kann zum Ventil werden und gleichzeitig wächst die Selbstverachtung, weil man sich seiner Unreinheit schämt. Der Hang, vieles negativ zu sehen, sich selbst zu verurteilen, kann ausgeprägt sein. Eine richtige Lähmung liegt auf der Seele, und Selbstmitleid kann alle Lebenssituationen durchziehen.

Ich fand mich in meinen frühen Jahren in einer extremen Schüchternheit gefangen, die mich daran hinderte, in Kontakt mit Menschen zu kommen. Ich hatte kein Gespür für mich selbst und fand kaum Worte, um meine Gedanken und Gefühle auszudrücken. Gleichzeitig lehnte ich alles gleich ab, was ich dachte, fühlte, sagte und tat. Wie durch ein Wunder ließ ich mich mit 14 Jahren auf eine christliche Freizeit mitnehmen, auf der ich eine Frau traf, bei der ich den Mut hatte, Fragen zu stellen, und die auch bereit war, darauf einzugehen. Im Laufe der nächsten Jahre sammelte sich ein ganzer Schuhkarton voll Fahrkarten. Diese Frau war bereit, mich auszuhalten. Sie ermutigte mich, forderte mich heraus und half mir, eine Grundlage für meine eigene Identität zu finden.

Lassen wir Ehepaar Fabiano zu Wort kommen:

> „Eine Identität haben heißt zu wissen, wer wir sind und wer wir sein sollen. Probleme eines Erwachsenen bezüglich seiner Identität können sich verheerend auswirken auf seine Fähigkeit, seine Bestimmung zu erkennen und zu erfüllen. Wenn wir nicht wissen, wer wir sind, wie können wir dann den Platz in der Welt einnehmen, den Gott uns zugedacht hat? Wie den Zweck des Lebens erfüllen?"

Geht man auf die Suche, um die Hintergründe zu entdecken, fühlt man sich überfordert und resigniert schnell, weil man keine Lösung findet. Das kann sich ändern, wenn wir Menschen finden, die uns ernst nehmen, lieben und respektieren. Durch ihre Zuwendung und Liebe beginnt der Mut zu wachsen, uns unseren Defiziten zu stellen. Wir können über unsere Fragen sprechen und die Not, die schon einige Zeit im Herzen verborgen lag:

- Was hat mich veranlasst so zu leben, zu denken, zu empfinden, zu handeln, wie ich es jetzt tue?
- Was möchte ich anders machen, warum gelingt es mir nicht?

Wir können unsere Hilflosigkeit ausdrücken und berichten, wie wir versucht haben, Antworten zu finden. Man hatte vielleicht gedacht „Ich muss einfach mehr in der Bibel lesen und beten", merkte aber, dass man dabei auch nicht weiterkam. Wir haben vielleicht Verletzungen erkannt, die wir nicht verkraftet haben. Wir möchten vergeben, bleiben aber doch in Bitterkeit stecken. Wir entdecken unsere eigene Sündhaftigkeit, bitten um Vergebung, um uns dann im nächsten Moment wieder inmitten der Sünde zu erleben.

Eine Verwirrung dem Leben und sich selbst gegenüber und in Beziehungen kennzeichnet die Gedanken; man fragt sich, wie man überhaupt leben kann, und hat doch eine Sehnsucht nach einem guten Leben. Eine Frau drückte dies in einem Gedicht so aus:

Mir scheint,
ich sitze im Wartezimmer,
im Wartezimmer meines Lebens.

Wann ruft endlich einer
„Der Nächste bitte,
Claudia, tritt herein!"

Manchmal denke ich:
So richtig leben,
wie toll muss das sein,
und ich wünschte,
dass alles sofort „geheilt" ist.

Denn der
lange Weg dazwischen
ist so schwer,
kostet Kraft.

Oftmals sitze ich
erstarrt da
und denke,
dass der Weg zum Arzt
und die Heilung selbst
unmöglich sind.

Aber wie anders,
als dass ich den Weg
vom Wartezimmer zum Arzt
gehe,
ist ein Verarzten möglich.

Eigentlich
kann ich
die sanfte Stimme
des Arztes hören,
der mich lockt –
wenn ich es will.
Claudia

Silvia schildert ihre Situation folgendermaßen:

„Ich hatte schon als Kind viele Fragen. Ich kann mich erinnern, dass ich
etwa mit fünf Jahren darüber nachdachte, dass alles, was ich sehen oder
anfassen kann, irgendwo seinen Ursprung haben müsste. Ich wollte es
gerne herausfinden, aber ich wusste nicht wie. Ich hatte Gedanken, die
ich nicht geäußert habe, sondern die in meinem Innern verschlossen
blieben. Genauso gab es Gefühle in mir, die mich stark berührt haben
und mich auch verunsicherten. Ich wusste nicht, wie ich diese Gefühle
zum Ausdruck bringen sollte, z. B. Freude. Ich hatte keine Klarheit darüber, ob diese Empfindungen ,komisch‘ oder ,normal‘ sind. Mit etwa
fünf Jahren habe ich auch angefangen zu stottern. Ich selbst habe es
nicht bewusst wahrgenommen und ich glaube nicht, dass ich von An-

fang an darunter gelitten habe. Mein Patenonkel hat mich darauf aufmerksam gemacht, indem er sagte ‚dass das nicht gut sei‘. Ansonsten wurde nichts dazu geäußert. Mir selbst hat das Stottern erst etwas ausgemacht, als ich zum Gymnasium ging und teilweise deswegen gehänselt wurde. Als Kind habe ich irgendwann angefangen, mich selber zu verletzen, indem ich immer wieder mit dem Fuß gegen die Heizung gestoßen habe, bis es wehtat. Der Schmerz verschaffte mir ein ‚gutes Gefühl‘, weil ich mich selbst gespürt habe. Trotzdem fand ich mich deswegen komisch und habe niemandem etwas davon erzählt.“

Was ist geschehen?

Wenn man sich unser Leben als ein Haus mit vielen Zimmern vorstellt, in denen wir wohnen und leben können, so könnte man die nicht ganz entwickelte Identität damit vergleichen, dass wir nur in bestimmten Zimmern wohnen. Diese Zimmer sind ausgeschmückt, andere können daran teilhaben. In diesen Zimmern weiß ich, was ich mag und was ich nicht mag; welche Ziele ich habe, was ich will und nicht will, und lasse mich anregen, mein Leben zu gestalten. In diese Zimmer kann ich andere einladen und mit ihnen Gemeinschaft leben.

Die anderen Zimmer aber sind leer, dunkel, mit Gerümpel gefüllt. Für manche habe ich nicht einmal einen Schlüssel oder weiß gar nicht, dass es da noch etwas gibt. Gleichzeitig steht vor jeder Tür die Angst, die mich daran hindert, die Zimmer zu betreten, sie zu lüften, sie aufzuräumen und meiner Bestimmung gemäß zu bewohnen.

Gott hat uns aber das ganze Haus gegeben, und er möchte, dass wir in unserem Haus gerne wohnen. Nun haben wir vielleicht auf die mangelnde Geborgenheit und Liebe, die uns in der Entwicklung widerfuhr, reagiert. Die leeren, dunklen Zimmer sind die nicht entfalteten Persönlichkeitsbereiche; das Gerümpel können Verletzungen sein und Gefühle der Verlassenheit und Trostlosigkeit, aber auch der Bitterkeit und des Zorns.

Auch mein „Haus“ war nur teilweise bewohnt. Mit den Jahren hatte ich viel Veränderung, Erneuerung und Heilung erfahren. Gottes Liebe hatte mein Herz erreicht und ich war mit großem Engagement in einer christlichen Seelsorge-Stätte tätig. Mein Wunsch war es, das weiterzugeben, was ich selbst erlebt hatte. Meine innere Kraft hatte zugenommen, sodass Gott mir nun die leeren, dunklen und verlassenen „Zimmer" meines Lebens mehr und mehr zeigen konnte. Es begann ein längerer Trauerprozess, der mich zu diesen verletzten und verlassenen Bereichen führte. Es kamen innere Schmerzen wie Wellen über mich, die ich kaum aushalten konnte. Aber gleichzeitig spürte ich eine Erleichterung, endlich einen inneren Bezug zu dieser Traurigkeit zu bekommen, die mich bis dahin immer wieder eingeholt hatte, ohne dass ich wusste, warum.

Manche Menschen durchleben Krisen, aus denen sie gestärkt hervorgehen. Und auf dem Wege der Heilung entdecken sie diese Zimmer; die Suche nach der Wahrheit wird größer als die Angst vor den Rätseln und den verborgenen Verletzungen. Manche erleben Gottes tragende Hilfe in ihren Nöten und reifen an ihren Elternhäusern, durch die sie manches Schwere erlitten haben.

Aber es gibt auch viele, die sich eine andere Überlebensstrategie zulegen: „Nie mehr soll mir so etwas passieren", sagen sie, und verschließen sich. Sie sagen Nein. Hören einfach auf, sich ab einem bestimmten Lebensalter weiterzuentwickeln, ohne es selbst zu merken. Sie sagen Nein zur eigenen Entwicklung, Nein zum Reifen und Wachsen, Nein zu allen Herausforderungen, die das Leben bietet.

Wem es so geht, der möchte sich auf keinen Fall den inneren Verwundungen stellen oder den unverarbeiteten Erlebnissen gedanklich oder gar gefühlsmäßig nähern. Die Folgen sind im Alltag spürbar: Man denkt einfach nicht tiefer nach, mogelt sich an allen Anstrengungen vorbei und entwickelt einen siebten Sinn dafür, wie man Menschen, Umständen und Situationen aus dem Weg gehen kann, die einen herausfordern könnten oder einen dem Schmerz begegnen lassen. Vielleicht kommt noch eine Flucht in eine selbst ausgedachte Welt dazu. Der Selbstbetrug und die mangelnde Selbsteinschätzung werden immer größer. Der Mensch ahnt, dass mit ihm etwas nicht stimmt. Verzweiflung kann sich seiner bemächtigen, aber er weiß nicht, was er machen soll, denn all diese Reaktionen sind ihm kaum bewusst.

Was übrig bleibt: das innere, stets gegenwärtige, Gefühl des Überfordertseins, der Minderwertigkeit und Unzufriedenheit.

Im Laufe der Jahre verfolgt das den Menschen wie ein Schatten. Und die Kluft zwischen dem nötigen Lernen und der Bewältigung des Lebens auf der einen Seite und der eigenen Fähigkeit und Bereitschaft zur persönlichen Reife auf der anderen Seite wird immer größer.

Eines Tages aber ist man gezwungen, dieser Situation ins Auge zu schauen. In jungen Jahren nach Beendigung der Schulzeit oder in einer Ausbildung, weil man durch den Eintritt ins Berufsleben plötzlich viele Dinge tun muss, die man nie gelernt hat. In späteren Jahren spürt man, dass einem etwas fehlt. Man spürt auch sein laues und oberflächliches Christsein, spürt: Das Herz ist nicht mehr dabei bei den alltäglichen Dingen oder der Arbeit, die wir eigentlich mögen oder einmal geliebt haben.

Ohne Unterstützung oder Begleitung sucht man nach Lösungen und findet sie nicht. Ängste können auftreten oder Depressionen. Manch einer flieht in Arbeit, sexuelle Abenteuer oder Suchtmittel.

Dieses Phänomen betrifft mehr Menschen als man vielleicht denkt. Es gibt heute viele tief verletzte Menschen, die es verlernt haben, einen Bezug zu sich als gesamte Persönlichkeit zu haben. Und in der Tat, es *scheint* der beste Schutz zu sein, um dem inneren Schmerz zu entfliehen, der durch bestimmte Verletzungen ausgelöst wurde.

Aber es ist eine tragische Sackgasse. Denn gerade dadurch „schützt", eigentlich „verschließt" sich ein Mensch vor heilenden Veränderungen durch Menschen und durch Jesus Christus.

Für manchen ist das vielleicht ein fremder Gedanke: Gott selbst will für jeden Menschen „das ganze Leben". Er möchte ihm begegnen und ihn liebevoll an die Hand nehmen, ihm helfen, das Leben anzupacken und die manchmal nicht einfachen Schritte der Nachreifung zu gehen.

Bei einem noch derart „verschlossenen" Menschen hat man manchmal den Eindruck, auf kein richtiges Gegenüber zu stoßen.

Man weiß gar nicht recht, woran man ist. Fragt man nach, bekommt man nicht unbedingt klare Auskünfte. Vage Antworten wie „Ich weiß nicht" sind sehr häufig.

Das hört sich alles recht harmlos an, aber es ist nicht harmlos. Oftmals wird ein betroffener Menschen erst dann auffällig, wenn er Probleme bekommt, die ihn in seiner Lebensqualität so stark einschränken, dass er Hilfe sucht.

Eine mangelnde Identitätsentwicklung wird aber nicht erst durch eine Lebenskrise sichtbar.

Es gibt starke Männer und Frauen, die voller Hingabe und Einsatzbereitschaft an ihrem Arbeitsplatz und in ihrer Gemeinde stehen; das Familienleben klappt mit allen Höhen und Tiefen; sie engagieren sich in vielfältiger Weise und wirken positiv und offen auf ihre Umgebung. Sie arbeiten vielleicht jahrelang im Ausland und sind missionarisch und diakonisch tätig. Es können Familienväter sein und engagierte Familienfrauen, die von ihren Freunden geschätzt und geachtet sind.

Wenn sie in die Seelsorge kommen, dann können sie sich sehr gut ausdrücken, ihre Gedanken und Gefühle darlegen, und merken doch, dass es Bereiche in ihrem Leben gibt, die ihnen ein Rätsel sind. Sie drücken vielleicht aus, dass sie manchmal bei lieben Freunden Probleme haben, ihre Bedürfnisse auszudrücken und zu benennen, schildern Black outs, wenn sie sich verletzt fühlen. Fragt man tiefer nach, entdeckt man auch dann, dass es Verletzungen gab, die ihre Identitätsentwicklung in bestimmten Punkten blockiert haben.

Wie kann ich eine nicht gelungene Identitätsentfaltung erkennen?

Henri Nouwen hat sich mit diesem Thema aus eigener Betroffenheit intensiv beschäftigt. In seinem Buch „Die innere Stimme der Liebe" lässt er uns teilhaben an seinen inneren Kämpfen. Sie drücken den

Wunsch aus, sich aus einer verbogenen Identität, einer passiven Haltung, dem Rückzug und einem Scheinleben herauszulösen, um ganz echt und ehrlich vor Gott und vor Menschen der zu sein, der er ist.

> Menschen, die dein Herz nicht kennen, wird manchmal die Bedeutung von etwas, was zu deinem innersten Selbst gehört und in deinen wie in den Augen Gottes wertvoll ist, völlig entgehen. Sie mögen dich nicht genug kennen, um deinen echten Bedürfnissen gerecht zu werden. Dann musst du dein Herz sprechen lassen und deinem innersten Ruf folgen.
> Es gibt einen Teil von dir, den du von anderen zu leicht beeinflussen lässt. Sobald jemand deine Motive in Frage stellt, beginnst du, an dir selbst zu zweifeln. Du pflichtest dem anderen bei, noch bevor du dein eigenes Herz gefragt hast. Dadurch nimmst du eine passive Haltung ein und gehst davon aus, dass es der andere besser weiß.

Es gibt ganz unterschiedliche Erkennungsmerkmale, die mir signalisieren, dass meine Identitätsentwicklung Schaden genommen hat. Diese Merkmale sind oftmals verborgen und dem Betroffenen nicht bewusst. Manche Menschen haben gelernt, damit zu leben und haben sich damit arrangiert. Manche wollen gar nicht erst genauer hinschauen, weil sie Angst haben, damit nicht fertig zu werden. Andere leiden aber sehr unter ihren Gefühlen und Gedanken, können sie aber gleichzeitig nicht einordnen. Sie wünschen sich Klarheit und Veränderung.

Schauen wir uns diese Signale unserer Seele etwas näher an.

Es werden dazu auch Menschen zu Wort kommen, die den Weg der Entfaltung gewagt haben und nun rückblickend ihre damalige Situation wiedergeben. Vielleicht können Sie sich in der einen oder anderen Schilderung wiederentdecken – nicht jeder betroffene Mensch zeigt dieselben Merkmale.

Eine Nebellandschaft

„Ich hatte den Eindruck, in einem dicken Nebel zu wandern, war ängstlich, konnte wenig Kontakt zu anderen aufnehmen und fühlte mich vom Leben überfordert. Mir fehlte der Rückhalt im Elternhaus, was mir aber damals nicht klar war. Meine Eltern haben mich auf ihre Art sicher lieb gehabt, aber sie konnten mir nicht die Unterstützung geben, die ich gebraucht hätte. Erst viel später wurde mir bewusst, dass ich in einer großen Verlassenheit groß geworden bin. Und diese Verlassenheit entstand zu einem Teil durch eine mangelnde Persönlichkeitsentwicklung. Ich wusste nicht, wer ich bin, was ich wollte und wozu ich auf dieser Erde bin. Und ich war mir dessen nicht einmal bewusst. Ich zog mich zurück in eine Traumwelt. Dass ich damit dem Schmerz der Verlassenheit entfliehen wollte, wurde mir erst viel später klar."
Martina

„Erst durch ein Seelsorgegespräch (mit 33 Jahren) wurde mir klar, dass mir etwas fehlte. Vorher war es für mich nicht greifbar. Ich merkte zwar, dass mich Dinge beschweren, aber konnte dies nicht einordnen."
Christine

„Im Rückblick würde ich sagen, dass das Gefühl, mit meinem Leben nicht klarzukommen, schon sehr viel früher da war, ohne dass ich mir darüber Gedanken gemacht hätte. Es war einfach so."
Daniela

Das Gefühl, im Nebel zu wandern, sich selbst nicht begreifen zu können, bestimmt das innere Grundgefühl. Da man es aber kaum ausdrücken kann und auch nicht versteht, schiebt man es zur Seite und versucht das Leben irgendwie „auf die Reihe zu kriegen".

Entscheidungsprobleme

„Neue Situationen habe ich fast immer gemieden, weil ich Angst davor hatte, eine Entscheidung zu treffen, die ich bereuen würde."
Martin

Die Gründe, sich schwer für etwas zu entscheiden, können sehr unterschiedlich sein. Oftmals sind sie einem gar nicht bewusst. Angst, etwas falsch zu machen, oder die Angst, es nicht ganz richtig zu machen. Man fühlt sich überfordert und kann sich nicht darüber klar werden, was nun in diesem Fall die richtige Entscheidung wäre.

„Ich reagiere ja wie ein Kind!"

Diesen beschämenden Ausruf konnte ich in der Seelsorge öfter hören. Vielleicht werden auch Sie kindliche Reaktionen bei sich entdecken, wenn Sie es wagen, Ihre Reaktionen in bestimmten Situationen und Umständen wahrzunehmen. Sie stellen fest, dass Sie wie ein Kind oder ein Teenie in Beziehungen oder gegenüber ihrem Ehepartner reagieren. In Konfliktsituationen kommt vielleicht das verwundete Mädchen oder der verletzte Junge zum Vorschein und reagiert überzogen, trotzig und fühlt sich falsch verstanden. Und es ist für einen selbst beschämend, ob nun mit 20, 30 oder gar 50 Jahren. Das möchte man nicht wahrhaben und schiebt es lieber zur Seite.

> „... z. B. meine Reaktionen darauf, wenn mir etwas zugetraut wurde, wovon ich dachte, dass ich das nicht schaffe. Ich reagierte kindisch, zurückhaltend und mutlos."
> Svenja

> „Ich habe gemerkt, dass ich im Zusammensein mit anderen (besonders wenn ich sie nicht kenne) in einer starken inneren Anspannung bin. Ich denke dann, sie stellen bestimmte Ansprüche an mich, wie ich sein soll. Diesen vermeintlichen Ansprüchen möchte ich genügen, weil ich von ihnen angenommen sein will. So versuche ich oft krampfhaft, vor ihnen irgendetwas darzustellen, anstatt einfach die zu sein, die ich wirklich bin."
> Gabi

Abhängigkeiten von Menschen

Nicht den Mut zu haben, selbstständige und eigene Entscheidungen zu treffen, sich gar nicht zuzutrauen, dass man es könnte, treibt einen leicht in die Abhängigkeit von Menschen. Der andere weiß es besser und kann es besser, so orientiert man sich lieber am anderen und trifft selbst keine Entscheidung oder bildet sich keine eigene Meinung. Und doch kann Sie das innerlich ärgern und Ihre Selbstachtung beeinträchtigen, wenn Sie das spüren.

Besonders hingezogen ist man zu Menschen, die entweder genau wissen, was sie wollen – und davon möchte man profitieren, indem man versucht, ihre Anerkennung zu gewinnen – oder man fühlt sich besonders von Menschen angezogen, die selbst Schaden genommen haben und versucht sich gegenseitig die Identität zu „leihen", die man selbst nicht besitzt.

Henri J. M. Nouwen hat sich in seinem Buch „Die innere Stimme der Liebe" ehrlich mit sich selbst auseinandergesetzt. Er schreibt:

„Denn solange du dich erinnern kannst, hast du alles getan, um zu gefallen; hast du deine Identität vom Urteil anderer abhängig gemacht, was du nicht nur negativ sehen darfst. Du wolltest dein Herz andern geben und hast es leicht und gern getan. Aber jetzt kommt es darauf an, diese vielen selbst gemachten Stützen loszulassen und darauf zu vertrauen, dass Gott für dich genug ist. Du musst aufhören, anderen gefallen zu wollen, und deine Identität als ein freies Selbst in Anspruch nehmen."

Daniela und Martin erlebten das so:

„Mein Selbstbewusstsein hat darauf beruht, was die anderen von mir gehalten haben. Wenn ich dann mal etwas machen wollte und irgendjemand fand mein Vorhaben nicht gut, habe ich es persönlich genommen und es sein gelassen."
Martin

„Ich war in Beziehungen zu Frauen auf der Suche nach mir selbst, bin immer wieder in emotionale Abhängigkeiten geraten und war nicht bereit und in der Lage zu geben. Es ging im Grunde immer nur um mich, und ich habe verzweifelt versucht, mein emotionales Loch zu stopfen und den anderen dazu missbraucht. Das hat sich natürlich sehr negativ auf meine Beziehungen ausgewirkt. Entweder sie blieben an der Oberfläche oder sie endeten in einer emotionalen Abhängigkeit. Letzteres hat bei mir häufig dazu geführt, dass ich die Beziehung einfach abgeschnitten habe."
Daniela

Ängste

„Ich hatte Angst, nicht dazuzugehören, abgelehnt zu werden, aus welchen Gründen auch immer."
Tamara

„Ich hatte Angst, Verantwortung zu übernehmen, Angst etwas falsch zu machen. Habe Entscheidungen, die unpopulär sind, nicht getroffen aus Angst, noch mehr zum Außenseiter zu werden."
Dieter

Ängste unterschiedlichster Art können das Leben bestimmen. Oftmals liegen sie tief verborgen im Inneren und treten gar nicht in Erscheinung. Nur bei ehrlichem Hinschauen werden sie offenbar und können große Scham auslösen und Gefühle von Minderwertigkeit.

Beziehungsprobleme

„Ich hatte nicht gelernt, wie man Konflikte löst, wie man Beziehung lebt, was die Andersartigkeit des anderen für mich bedeutet. So zog ich mich zurück, sehnte mich aber nach Gemeinschaft. War beziehungsunfähig."
Tamara

„Der Gedanke, dass ich nicht gut genug bin, hat sicherlich auch meine Beziehungen geprägt. Nicht insofern, dass er mich daran gehindert hätte, auf andere Menschen zuzugehen. Ich denke vielmehr, dass ich diese Angst vor Versagen niemandem richtig gezeigt habe. Ich habe das wohl eher in eine Stärke ‚umgewandelt'. Vor anderen habe ich mich sehr selbstbewusst gegeben, und sie haben mich für meine Stärke bewundert. Allerdings konnte ich keine Schwäche zugeben, und so schuf diese Stärke oftmals auch eine gewisse Kälte und Distanz in meinen Beziehungen zu anderen Menschen."

Elke

„Ich wollte gerne anderen erzählen, mich mitteilen, doch habe ich das zu Hause nie erlebt, wusste gar nicht wie ich mit andern Menschen umgehen sollte, wie ich das machen sollte. Nähe zulassen, selbst das Aushalten, fiel mir sehr schwer, weil mich gleich eine Lawine von schmerzenden Gefühlen überkam. Ich habe mich immer mehr nach Beziehung gesehnt, ich hätte mich so gerne mit meinem Schmerz an irgendeine Schulter gelehnt, um ein bisschen Halt zu bekommen. Ich fühlte mich so orientierungslos, haltlos, wie vom Winde verweht. Da ich auf diese Weise keine Beziehung leben konnte, habe ich probiert oberflächlich, lustig und fröhlich zu sein. Das ging ganz gut, aber war sehr einseitig, und der Hunger nach Beziehung wurde auf der anderen Seite immer größer. Ich kam so aus dem Gleichgewicht, dass mir jede Beziehung schwerfiel und ich dachte, ich bin beziehungsunfähig, und dass ich schließlich Menschen mied. Ich habe meinen bleibenden Hunger nach Beziehung in der Bulimie verdrängt oder versucht, ihn so zu stillen."

Miriam

„Ich war nicht in der Lage, Beziehungen zu anderen einzugehen. Meine Einstellung war geprägt von Misstrauen, Angst und Ablehnung. Es fiel mir schwer zu glauben, dass jemand mich mögen könnte. Oft habe ich mit Rückzug reagiert. Außerdem habe ich in Beziehungen keine Verantwortung übernommen. Ich wusste nicht, wie das geht bzw. was das überhaupt heißt. Ich war einfach verstrickt in mich selbst und habe den anderen gar nicht wahrgenommen. Mein Beziehungsmuster war geprägt von dem, was ich zu Hause erlebt und gelernt hatte. Sobald mir jemand nähergekommen ist, verschwand er in der Schublade ‚Vater' oder ‚Mutter'. Entweder jemand war wie sie oder wie er."

Daniela

„Ich war nicht in der Lage, echte Beziehungen auf direktem Wege aufzubauen. Stattdessen baute ich indirekte, emotionale Beziehungen, in
denen der Beziehungsteil im Dunkeln blieb. Über Sachanteile und ge-
meinsame Interessen konnte man reden. Ich war nicht konfliktfähig
und reflektierte mich kaum."
Maria

Probleme in Beziehungen sind besonders schmerzhaft, da wir Menschen darauf angelegt sind, in Gemeinschaft mit Menschen zu leben.
Aber auch die Beziehungslosigkeit zu sich selbst kann einen in Unruhe geraten lassen: Die Fragen, auf die man keine Antwort findet,
türmen sich auf. Die einen wünschen sich tiefe Freundschaften und
wissen nicht, wie sie welche aufbauen können. Andere leiden darunter, dass sie rasch in ungute Beziehungen hineinkommen. Sie fühlen
sich manipuliert und ausgenutzt. Eine große Hilflosigkeit kennzeichnet die Beziehungen und eine Unfähigkeit, Konflikte gut auszutragen
und davon zu profitieren.

„Ich fühle mich selbst gar nicht"

So drücken Menschen ihr Empfinden aus, wenn sie sich selbst kaum
wahrnehmen und nicht wissen, was in ihrem Inneren vorgeht. Die
Antwort auf die Frage: „Wie geht es dir?" kann schon zum Problem
werden, weil sie kaum in der Lage sind, darauf eine richtige Antwort
zu geben. Sie haben vielleicht viele Gedanken und Gefühle, können
sie aber nicht einordnen und einen Zusammenhang zu ihrem Erge-
hen herstellen.

> „Ein anderes ist der Umgang mit meinen Gefühlen. Mit der Zeit habe
> ich gelernt, diese differenzierter wahrzunehmen und mich mit ihnen
> auseinanderzusetzen. Aber lange Zeit war es so, dass sich alle Gefühle
> wie ein Klumpen in mir verborgen hatten und ich sie nicht klar vonei-
> nander trennen konnte. Dieses Gefühlschaos legt mich auch jetzt noch
> oft lahm und löst eine Gedankenflut in mir aus, der ich mich zeitweise
> nicht widersetzen kann."
> Elke

„Ich will mich spüren, und wenn's nur Schmerz ist. Schmerz tut gut."
Esther

„Wenn mich jemand fragte, wie es mir geht, konnte ich keine klare
Auskunft geben, weil ich mir nicht sicher war, wie es mir geht. Ich
konnte keinen Bezug zu mir herstellen. Ich fühlte immer so ein
‚schwarzes Loch' in meinem Innern. Manche Gefühle kann ich nicht
einordnen."
Björn

„Ich kann mich nicht ausdrücken"

„Ich habe keine Nähe zulassen können. Ich habe mich nicht fallen lassen können, mit dem was mich bewegte, traurig machte. Ich habe mich
nicht ausdrücken können, was mir innerlich weh tat, ich habe es immer
nur als einen dumpfen Schmerz wahrgenommen, all die Verletzungen
als einen großen Kloß empfunden, der mir immer als dumpfer Schmerz
bewusst wurde."
Miriam

„Ich konnte mir nicht vorstellen, dass das alles mal hinter mir liegen
könnte und ich ausdrücken kann, wer ich war, warum, was sich verändert hat und wie und wodurch, ja, dass ich überhaupt Worte und Wege
haben könnte, mich auszudrücken. Das zu können ist befreiend."
Daniela

Eine große Resignation kann sich einem bemächtigen, wenn man immer wieder spürt, dass man sich nicht richtig ausdrücken kann und
man keine Klarheit findet über die eigenen Gedanken und Gefühle.
Man versucht es immer wieder und hat den Eindruck, doch nicht das
Richtige getroffen zu haben. Außerdem ist man sich nicht sicher, ob
der andere einen überhaupt verstehen würde. Man versteht sich ja
selbst nicht richtig.

Ein unzugänglicher Bereich

„Eigentlich hatte ich gute Voraussetzungen, das Leben zu schaffen, doch in meinem Inneren blieb ein großer Bereich tiefer Unzufriedenheit und Einsamkeit. Er lag wie eine unzugängliche Wüste in mir. Ich war nicht in der Lage, das so zu benennen, und strengte mich an, ein liebenswürdiger Mensch zu sein. Ich befreundete mich mit Menschen, die wie ich tiefe Gespräche liebten, sich über den Glauben Gedanken machten und als Menschen bereit waren, sich für gute Ziele einzusetzen. Weil ich gut zuhören und mich in andere hineinversetzen konnte, hatte ich viele Kontakte und Leute, um die ich mich kümmerte. Nur mein eigenes Herz fand kein Zuhause, aber das merkte ich gar nicht. Meine Art, damit umzugehen war, mich um andere zu kümmern. Niemand kannte mich wirklich – auch ich selber nicht, aber das merkte ich erst spät."
Maria

Das Gefühl, dass man im Inneren Bereiche hat, die einem gar nicht zugänglich sind, kommt meiner Erfahrung nach oft erst zum Vorschein, wenn man sich auf den Weg macht, sich selbst kennen zu lernen. Man stößt auf Bereiche, die man gar nicht kennt und zu denen man zunächst scheinbar auch keinen Zugang findet.

„Ich kann mich selbst nicht ertragen"

„Ich habe mich selbst verdammt, aufgrund meiner Grenzen und Schwächen. Steckte voller Minderwertigkeit. Sah meinen eigenen Wert nicht oder wurde hochmütig."
Tamara

„Ich sagte zu mir selbst: ‚Ich hasse deine Art, Beziehung zu leben. Ich hasse deine Art, mit Stress umzugehen, ich hasse deine Unehrlichkeit und Unfähigkeit, mit Menschen umzugehen' und ‚Ich hasse deinen Körper.' D. h. also, ich habe mich selbst für meinen Stillstand in der Reifeentwicklung fertiggemacht, für meine Flucht in das Suchtleben und für die Tatsache, dass ich das Leben nicht auf die Reihe kriegte."
Miriam

„Ich hatte keine Würde und spürte keinen Respekt vor mir selber. Ließ mich niedermachen und verletzen und machte mich selbst nieder. Ließ mich wie einen Gegenstand behandeln und ging selbst so mit mir um."
Jutta

„Ich konnte mich nicht annehmen wie ich bin, habe mich abgelehnt und gehasst. Ich hatte so gut wie jeden inneren Kontakt zu mir verloren und wusste eigentlich gar nicht, wer ich bin. Somit habe ich auch mehr außerhalb von mir gelebt als mit mir. Ich fand mich abartig, schlecht und verachtenswert. Und überflüssig."
Daniela

„Gleichzeitig begann ich mich zum ersten Mal auszudrücken und merkte, wie viel Selbstablehnung und Selbstverachtung in meinen Gedanken steckte. Alles, was ich tat, was ich schrieb, was ich fühlte, wurde gedanklich einem vernichtenden Urteil preisgegeben."
Martina

Die ausgeprägte Selbstablehnung, die man empfindet, hemmt zusätzlich den Mut, sich weiterzuentwickeln. Mischt sich dann noch Selbstmitleid hinein, dann kann sich das ganze zu einem betonähnlichen Bollwerk entwickeln, aus dem man scheinbar keinen Ausweg findet.

Probleme im Umgang mit fremden Situationen

„In fremden Situationen war ich meistens noch zurückhaltender und in mir selbst gefangen. Mein Stottern verstärkte sich. Ich wirkte kühl und distanziert. Ich kam nicht damit zurecht, dass ich in fremden Situationen nicht einfach ‚die Flucht nach vorn‘ antreten und mich auf das Fremdartige einlassen konnte. Ich fühlte mich selbst wie gefangen und gelähmt. Das Einzige, was mir in Angst machenden Situationen Sicherheit verschaffte, war der Gedanke, dass diese Situationen wieder vorbeigehen."
Silvia

„Mein Umgang mit fremden Situationen war und ist oft geprägt von innerer Unsicherheit und Angst vor dem, was mich erwartet. Ich schaffe es

mal mehr, mal weniger gut, diese vor anderen zu verbergen. Ich denke, dass ich früher diese Unsicherheit und Angst nicht so bewusst wahrgenommen habe und so meine Reaktion für mich auch nicht klar war."
Elke

„Fremde Situationen waren für mich sehr Angst einflößend. Wie gehe ich damit um? Mache ich es auch richtig oder sowieso falsch? Hatte Riesenangst, den Erwartungen nicht gerecht zu werden, es nicht so zu machen wie ich denke, dass die anderen es wünschen."
Dieter

„Fremde Situationen stürzten mich stark in meine Traumwelten, sodass ich fast handlungsunfähig wurde. Ich reagierte depressiv, verlor allen inneren Halt ..."
Sabine

Fremde Situationen werden bedrohlich empfunden und sind nicht leicht einzuordnen. Sie wirken wie ein Verstärker auf das Gefühl der Überforderung und auf das Nichtwissen, wer ich bin und wie ich mich vertreten soll. Es ist nicht nur ein leichtes Angespanntsein, das vielleicht mancher in solchen Situationen empfindet, sondern eher ein Panikgefühl. Die Fragen „Wie soll ich mich verhalten?" und „Was wird von mir erwartet?", sind unterschwellig aber deutlich da, hemmen und blockieren.

Ich kenne dieses Gefühl aus eigenem Erleben. Fremde Situationen gibt es ja zuhauf, und so empfand ich eine fast panische Angst – die ich tief in mir verschloss und Mühe hatte, mich dafür nicht zu verachten –, wenn ich in eine neue Gruppe kam, mich mit fremden Menschen unterhalten sollte, wenn ich einen Vortrag zu halten hatte oder an einer Tagung teilnahm. Und doch gab es auch hier mit der Zeit Veränderungen, und zwar, indem ich den Herausforderungen nicht aus dem Wege ging und immer tiefere Festigkeit gewann.

Vor einigen Jahren flog ich zum ersten Mal alleine nach Kanada. Die alten Ängste wollten mich wieder einholen, und es erschien mir unvorstellbar, „es zu schaffen". Freunde ermutigten mich, und Gott gab mir die Kraft, sozusagen mit meiner Angst loszufliegen. Und ich schaffte es tatsächlich, obwohl ich den Anschlussflieger in Montreal verpasst hatte, weil jemand meinen Koffer vom Band genommen hatte, ohne dass ich es bemerkte. Mit meinen mangelhaften Englischkenntnissen und meiner Angst checkte ich neu ein und erlebte in besonders wohltuender Weise die Freundlichkeit der Kanadier, die mir z. B. halfen, einen Anruf zu tätigen, weil ich meine veränderte Ankunft mitteilen musste.

Minderwertigkeit

Andere können es einfach besser als ich – so das Grundgefühl.

„Ich war eher diejenige, die auf andere sah und hatte gar kein eigenes Erleben. Ich sah immer, dass andere etwas durchziehen und ich das nicht kann."
Svenja

„Der Gedanke, dass ich zu nichts tauge, lähmt mich besonders. Er löst eine unheimliche Angst in mir aus, sodass ich völlig neben mir stehe und mich dann oft ins Bett verkrieche um damit fertigzuwerden."
Elke

„Es ist nicht bedeutend, dass ich lebe – ich bin nur wertvoll, wenn ich für andere lebe, für andere nützlich bin. Ich bin nicht wichtig."
Jutta

„Ich habe mich oft minderwertig gefühlt, wenn ich mit anderen zusammen war, habe bewundert, was die anderen anpacken, welche Ideen sie haben, wie souverän sie auftreten."
Dieter

Negative Gedanken und Gefühle über sich selbst

Sie sind ein fast ständiger Begleiter in vielen Situationen. Bevor man den Mut hatte, sie genauer zu betrachten und auszudrücken, sind sie ein dumpfes Gefühl oder bohrende kritische Gedanken. Man hat keine positive Sicht von sich selbst, was dann in den verschiedenen Situationen immer wieder bestätigt wird. „Ich habe es ja gewusst, es hat einfach keinen Sinn. Ich kann das nicht."

„Ich bin nichts. Ich schaffe es nicht. Ich bin schlecht und schuldig. Ich muss mich mehr anstrengen. Mir darf es nicht gut gehen. Meine Leistungen sind nicht gut genug. Ich hasse mich, und das Beste wäre, wenn ich nicht mehr da bin. Ich muss bestraft werden. Mich kann man nicht lieben. Ich bin wertlos. Ich bin keine richtige Frau."
Daniela

„Ich habe Gefühle wie ‚nicht gewollt sein‘, abgelehnt sein, habe Angst, abgelehnt zu werden, fühle Wut, Zorn, Hass, Verachtung, Hilflosigkeit, Ohnmacht, Einsamkeit."
Esther

„Ich habe jahrzehntelang negative Gefühle unterdrückt (sie entsprachen nicht meinen Moralvorstellungen und waren tabu), und ich saß auf einem Pulverfass von unterdrücktem Zorn, Wut, Ärger."
Jutta

„Ich steigere mich so ins Negative hinein, dass ich gar nichts Positives mehr sehen kann."
Dieter

„Ganz stark war ich von dem Gedanken beherrscht, bei niemandem und nirgendwo erwünscht zu sein, sah mich als schmutzig, unfähig und unbedeutend."
Sabine

„Ich bin dem Leben nicht gewachsen"

„Es war leichter, Meinungen zu übernehmen, als sich mit sich selbst auseinanderzusetzen und zu erkennen, dass man zu leben versäumt hat. Resignation folgte. Enttäuschungen oder Herausforderungen waren keine Chancen, sondern Gründe, sich zu bemitleiden und wieder am eigenen Wert zu zweifeln."
Tamara

„Herausforderungen fühlte ich mich nicht gewachsen. Ich hatte den Eindruck, dass mit mir etwas nicht stimmt. Ich dachte, wenn diese Unsicherheit das ganze Leben lang anhält, dann will ich nicht mehr leben."
Björn

„Das Leben war für mich nicht zu schaffen, ich hatte auch hohe Ansprüche an mich. Ich dachte, man muss ganz viel erreichen, auch im geistlichen Bereich."
Sabine

Das Gefühl, dem Leben nicht gewachsen zu sein, überfordert zu sein, kommt tief aus dem Innern unserer verletzten Seele nach oben. Es signalisiert uns Erfahrungen, die wir eigentlich als Kinder oder Jugendliche gemacht und in unserer Seele „konserviert" haben. Als Erwachsener verachtet man sich nun selbst, wenn man entdeckt, dass man sich bei solchen „Lappalien" überfordert fühlt.

Unsicherheit

„Ich war total unsicher, überspielte dies mit einer großen Klappe ..."
Alexandra

„Ich reagierte unsicher, launisch, sorgenvoll. Ließ andere büßen, obwohl sie für meine Unsicherheit nichts konnten."
Tamara

„Andere Menschen schätzen mich sehr oft als eine starke Persönlichkeit ein, die weiß, was sie will, und selbstbewusst das tut, was sie für richtig

hält. Ich selber sehe mich aber auch oft noch in einem anderen Licht. Oftmals entdecke ich viel Angst und Unsicherheit in mir sowie das Gefühl, generell zu schlecht zu sein. Bis vor einiger Zeit war mir nicht richtig klar, dass diese zweite Seite für die meisten Menschen verborgen bleibt, und wunderte mich deshalb, dass sie mich, meiner Meinung nach, oftmals falsch einschätzten. Ich sehe aber immer mehr, dass dies auch mit meinem Umgang mit diesen Gefühlen zusammenhängt."
Elke

Auch bei mir war die Unsicherheit lange Zeit allgegenwärtig. Ich versteckte sie hinter einer kühlen und sachlichen Fassade. Mit eiserner Kontrolle versuchte ich sie zu unterdrücken, damit niemand sie bemerkte. Ich schämte mich dafür. Meine innere Einstellung war so, dass ich dachte, andere würden mich verachten, wenn sie meine Unsicherheit bemerkten. Außerdem konnte ich mir nicht vorstellen, Schwäche zuzugeben. Ich hatte Angst, erneut verletzt und ausgenutzt zu werden. Dass ich aber dadurch eine gewisse Arroganz ausstrahlte, die Menschen von mir abhielt, war mir nicht bewusst. Ich forderte die Verletzung geradezu heraus, weil mich andere stark erlebten und sich bedroht fühlten. Dankbar bin ich für jeden, der sich von dieser Fassade nicht abschrecken ließ – solchen Menschen habe ich zu verdanken, dass ich aus diesem Lebensgefühl herausfinden konnte.

„Ich habe Meinungen einfach übernommen ..."

„Im Laufe von Gesprächen wurde klar, dass hinter meiner Hilfsbereitschaft und Freundlichkeit kaum eine Persönlichkeit mit eigener Meinungsbildung steckt. Mir wurden ganz simple Fragen zu meiner Person gestellt (was ich denke, fühle, sagen will zum Thema X), worauf ich kaum eine Antwort wusste. Ich hatte viele Meinungen einfach übernommen, ohne sie selbst zu prüfen ..."
Tamara

„Ich hatte keine eigene Meinung, und wenn mir etwas anderes wichtig war als der Gruppe, habe ich schnell auf deren Meinung umgeschwenkt, weil die anderen die Sache sicherlich besser durchdacht hatten."
Dieter

Anpassung – das ist eine Möglichkeit, mit der eigenen unbeantworteten Identität umzugehen: die Meinungen anderer übernehmen, weil man selbst keine klare Meinung besitzt, ja gar nicht auf die Idee kommt, dass man sich eine eigene Meinung hätte bilden können. Es fehlt der Mut dazu, man empfindet sich selbst sowieso unwichtig und unbedeutend.

„Wo gehöre ich hin?"

„Es war vor allem eine Frage, die mich beim Nachdenken über mein Leben besonders gelähmt hat: ‚Wo gehöre ich hin?' Oder anders ausgedrückt: ‚Gibt es einen Platz für mich im Leben, an dem ich ich selbst sein kann?' Dazu kam der Gedanke, dass es für mich zu anstrengend sein könnte, mir einen Platz im Leben zu erkämpfen, sodass ich es nicht schaffen würde."
Silvia

Das mangelnde Zugehörigkeitsgefühl kann sich trotz vieler Beziehungen einstellen. Auch mitten im eigenen Freundeskreis, in der Familie, in einem guten Arbeitsteam. Der Hintergrund kann eine innere Beziehungslosigkeit sein, die es unmöglich macht, das Gefühl der Zugehörigkeit zu entwickeln. Oder ich habe das Gefühl, nicht ich selbst sein zu dürfen, sonst werde ich abgelehnt. Dieses Gefühl kann auch gute Freundschaften überschatten. Man fühlt sich fremd und anders, oder weiß nicht, wie man sich mit seiner Art in die Beziehung einbringen kann. So kann man sich einsam fühlen, obwohl man von Menschen umgeben ist, die einen schätzen oder sogar lieb haben.

„Wer bin ich eigentlich – dieser oder jener?"

„Ich sah mich selber als zwei Teile und wusste nicht, welcher Teil ich nun bin. Zum einen konnte ich sehr lustig sein und die Aufmerksamkeit anderer auf mich ziehen, andererseits war ich still, wortkarg, zurückgezogen. Ich wusste nie, wer ich nun bin. Die Lustige, Lebhafte, oder die Stille, Nachdenkliche. Eigentlich wollte ich lieber nur lustig sein; diese stille Seite an mir konnte ich nicht wirklich akzeptieren. Daneben hatte und habe ich auch jetzt noch oft das Gefühl, nicht zu genügen. Es fällt mir schwer, meine Leistung anzuerkennen als etwas, was wirklich ich gemacht habe, und sie nicht als Ergebnis äußerer Umstände zu sehen."
Elke

„Wenn ich heute zurückblicke, sehe ich mich sehr gespalten: Einerseits die, der es immer gut geht, die alles schafft und bei der alles klappt, und andererseits die, die als Teenie magersüchtig und selbstmordgefährdet war, die sich als Kind und Jugendliche immer wieder in den Schlaf weinte oder in Fantasiewelten flüchtete. Ich blicke zurück und habe zwei Personen vor mir ... beides war ich. – Und heute? Aus zwei ist eins geworden."
Esther

„Ich habe mich aufgespalten. Dieses Fröhliche, Dynamische wurde herausgeputzt, weil es attraktiv für andere war, ich damit gut in Beziehung kam ... und es hat mir Spaß gemacht, es zu leben, es hat das Leben einfach gemacht. Der andere Teil, der etwas tiefer, denkerischer, sensibel und feinfühlig war, stöberte meinen Liebesmangel auf. Die Verletzung wurde mir bewusst, und das schmerzte sehr in mir. Und weil ich dem so hilflos gegenüberstand und nicht wusste, wie ich drauf reagieren konnte, was ich damit überhaupt machen sollte, von wo das überhaupt kam, habe ich es zur Seite geschoben. Und es kam natürlich immer ein bisschen heftiger wieder, irgendwann mit Aggressionen. Ich schob es immer zur Seite ... und verurteilte es damit, nicht zu mir dazuzugehören – und es wurde mir somit immer fremder, etwas, wogegen ich ankämpfen musste. All die damit verbundenen oder entstandenen Aggressionen, Hassgefühle, sie alle gehörten nicht zu mir, wie die eigentlichen Verletzungen!"
Miriam

Erstaunlich, wie klar Miriam das heute sieht und auch ausdrücken kann!

Sie weiß, wie es ist: Unsere Seele versucht sich zu „retten", in dem sie einfach die schmerzhaften, verletzenden Erfahrungen abspaltet. Gleichzeitig werden dadurch wichtige Entwicklungsschritte unterbunden – und die Verletzung kann nicht „verschmerzt" werden. Sie bleibt wie ein Abszess in der Seele und vergiftet unser Leben.

Mangelnde Abgrenzung

Wenn ich mich selbst zu wenig kenne, sind mir auch meine Grenzen zu einem Teil nicht bewusst. Andere können daher in mein Leben hineinsprechen und gewinnen Macht über mich. Das kann ich nicht kontrollieren und fühle mich daher oft ohnmächtig. Ich weiß nicht, was ich tun soll.

Ein Familienvater hat das so erlebt:

> „Ich fühlte mich machtlos und ohnmächtig, wenn ich von jemandem angegriffen wurde, egal ob berechtigt oder unberechtigt. Ich konnte es zuerst nicht greifen, fühlte, der andere ist nicht im Recht, konnte aber nichts dagegen sagen oder tun. Ich konnte mich nicht wehren, wenn ich merkte, wie jemand mich überrumpeln wollte und meine Bedürfnisse und Grenzen nicht ernst nahm."
> Dieter

Grenzüberschreitungen zu erleben ist genauso ungut wie selbst keine Grenzen zu setzen und „für alles offen zu sein", um möglichst den Erwartungen anderer zu entsprechen. Nouwen kannte diese Situation offensichtlich:

> „Ein Teil deines Kampfes ist, deiner eigenen Liebe Grenzen zu setzen – etwas, was du nie getan hast. Du gibst Menschen, worum sie dich bitten, und bitten sie um mehr, gibst du so lange mehr, bis du merkst, dass du nicht mehr geben kannst, dass du ausgenutzt und manipuliert wirst. Nur wenn du imstande bist, dir selbst Grenzen zu setzen, wirst du auch imstande sein, die Grenzen anderer anzuerkennen, zu respektieren, ja dankbar für sie zu sein."

Das Gedicht von Claudia gibt Einblick in ihre eigene Verwirrung:

Was heißt es für mich, Grenzen zu setzen?
Wie kann ich überleben
in diesem frommen – im guten Sinn – Dschungel?
Ich möchte gerne Liebe üben,
für andere da sein,
Ermutigung sein,
ohne etwas zu erwarten.
Das ist für mich kein Problem.
Aber Gott,
wo ist hier für mich die Herausforderung?
Meine Persönlichkeit
kennt manchmal an diesen Punkten keine Grenzen.
Grenzen, mit denen ich mich schützen muss.
Grenzen, die ich bei anderen beachten will und muss.
Ich habe Angst davor,
mich zu verlieren.
Wahrscheinlich
muss ich unterscheiden
zwischen den verschiedenen Arten von Liebe,
oder auch
unterschiedlichen Beziehungsgraden.
Für mich verschmilzt alles,
ich habe da keinen Plan.
Wie komme ich nur dazu,
zu verwirklichen, was Gott will –
in meinem Leben und in dem der anderen?
Es ist, wie wenn
ich meinen innersten Drang begraben muss,
mein Wollen,
meinen Wunsch,
um bei mir zu bleiben.
Gott, hilf mir dabei,
mich nicht zu zerstreuen.

In meinem eigenen Leben hatte ich immer den Eindruck, dass ich mich innerlich in einer Gruppe „auflöste". Und es dauerte einige Zeit, bis ich das überhaupt so ausdrücken konnte. Es fühlte sich so an, dass ich mich verlor, nicht mehr richtig spürte. Ich verlor die Fähigkeit, mir über mich selbst klar zu werden, wusste nicht mehr, wie ich reagieren und was ich sagen sollte. Es war ein schreckliches Gefühl, das mich über Jahre begleitete. Wenn andere meine Grenzen überschritten, spürte ich das entweder gar nicht, oder wenn ich es bemerkte, hatte ich keine Handhabe, mich zu wehren. Die innere Hilflosigkeit trieb mich mehr als einmal in eine große innere Verzweiflung. Unzählige Male habe ich geübt, wie ich mich nun verhalten kann, wie das aussehen kann, mir selbst treu zu sein, bei mir zu bleiben und zu mir zu stehen. Manchmal war ich nahe dran aufzugeben. Ich bin dankbar für meine Freunde und Seelsorger, die mich auf diesem Weg immer wieder ermutigt haben, nicht aufzugeben. Und je mehr ich „bei mir selbst zu Hause" war, umso mehr konnte ich tatsächlich ich selbst sein, meine Grenzen „verteidigen", ohne negativ zu werden.

Leben in einer Traumwelt

„Zu mir selbst hatte ich kaum irgendeine Beziehung. Das Meiste lief bei mir in Traumwelten ab, in der ich eine andere Identität hatte. Ich grübelte auch sehr viel und war sehr verkopft, kam schwer bis gar nicht an meine Gefühle heran. Auf der anderen Seite war ich oft meinen meist negativen Gefühlen ausgeliefert. Ich fühlte mich von der Realität abgeschnitten und tat nie das, was ich mir vornahm."
Sabine

Die Flucht in eine Traumwelt – darüber berichten viele in der Seelsorge. Sie ist unterschiedlich ausgeprägt und jeder kann ein „Lied davon singen". Dahinter steckt der Wunsch, der Realität zu entkommen, der man sich entweder kaum zu stellen wagt oder gar nicht weiß, wie ein realistischer Umgang aussehen könnte.

Probleme in der Beziehung zu Gott

Das ist wohl die am weitesten reichende Folge einer nicht gelungenen Identitätsentwicklung. Das kann Menschen richtig in Verzweiflung und tiefe Resignation treiben. Ich habe beobachtet, dass viele der Männer und Frauen eine große Sehnsucht haben, eine gute Beziehung zu Gott zu finden. Sie berichten aber, dass sie glauben, irgendetwas falsch zu machen. Sie können zwar an Gott glauben, fühlen sich aber außerstande, ihn mit dem Herzen richtig zu erfassen. Ihr Verstand hat die Glaubensinhalte aufgenommen, aber der Glaube, der Trost, die Liebe Gottes dringen nicht zu ihnen durch. Verzerrte Gottesbilder kommen oft dazu und verhindern zusätzlich, dass die tiefe Liebe Jesu zu der verwundeten Seelen vordringen kann.

„In der Beziehung zu Gott gab es eine Spaltung: Mein Kopf sagte mir, ER ist der liebende Vater. Ich wusste bald viele biblische Wahrheiten über ihn, aber mein Herz hatte Angst vor dem Vater, Angst, dass er etwas mit mir macht, das ich nicht will. Nach außen lebte ich ein vorbildliches Glaubensleben, tief drinnen hatte ich Angst, was ich aber gar nicht bemerkte. Das kam erst viel später zum Vorschein. …
Mein Verhältnis zu Gott war eine Arbeitsbeziehung. ER der Arbeitgeber, ich der Arbeitnehmer. Ich führte seine Befehle korrekt aus."
Esther

„Ich hatte ein verkorkstes Denken über Gott und mein Beziehungsleben. Ich habe es nicht gekannt, konnte es nicht denken, dass mich jemand einfach nur mögen könnte, so wie ich war. Ich selber fand ja viele Dinge, die ich erst an mir ändern müsste bis ich mit mir selber leben konnte, mich selbst mögen konnte. Und ohne Beziehung ist man sich selbst der einzige Maßstab, von dem man eben ausgehen kann. So war es auch mit Gott, ich hatte an mich selbst den Anspruch, ein guter Christ zu sein, bevor ich mich mit Gott auf eine Beziehung einlassen konnte. Vom Kopf her wusste ich, dass ich nicht Leistung erbringen muss, um von Gott geliebt zu werden. Aber ich habe anders gelebt."
Miriam

„Gott war für mich oft eine unberechenbare Person, bei der man nie weiß, woran man ist. Mal liebend, dann kleinlich und gesetzlich, dann erdrückend oder sehr gleichgültig, manchmal gnädig – kam drauf an. Also war ich im Gebet immer sehr unsicher, weil ich nicht wusste, wie er grad ‚gelaunt' ist. Ich war auch ihm gegenüber sehr misstrauisch und hielt einen inneren Abstand. Außerdem hatte ich immer Schuldgefühle Gott gegenüber."
Sabine

„Ich war nicht in der Lage, Gottes Liebe anzunehmen und zu erwidern. Gott war für mich wie meine Eltern: kühl, distanziert. Und an sein Wort musste man sich halten. Er war nur an meiner Leistung interessiert und hat Unmögliches von mir verlangt. Ich war sehr stur und habe lange an meinen Einstellungen und Überzeugungen festgehalten. Deshalb fiel es mir schwer, Gott zu vertrauen und ihn als liebevollen Vater zu erleben. Ich wusste, dass sein Wort wahr ist, und habe immer wieder für seine Liebe gedankt und dafür, dass er mich wunderbar gemacht hat. Aber gleichzeitig hat in mir alles „Lüge" geschrieen. Außerdem habe ich oft nur aus der Bibel herausgelesen, was ich tun soll. Mein Leistungsdenken hat sich lange Zeit sehr negativ auf meine Sicht von Gottes Wort ausgewirkt. Ebenso meine Beziehungslosigkeit. Gott sagt, was ich tun soll – und ich muss das hinkriegen. Das ist sein einziges Interesse an mir. Dachte ich. Außerdem hatte ich Probleme mit der Hingabe. Ich war nicht in der Lage, mich selbst aus der Hand zu geben und mich jemand anderem anzuvertrauen."
Daniela

„Gott war zwar da, aber war für mich weit weg, ich hatte oft Schwierigkeiten, Gott als den anzusehen, der mich liebt wie ich bin, und seine Gnade in Anspruch zu nehmen. Es war für mich eine mehr oder weniger gezwungene, ohne Leben gefüllte Beziehung. Die Gnade war mir nicht bewusst, ich dachte immer, ich muss etwas leisten, damit ich geliebt werde."
Svenja

„Es geht mir doch gut!"

„Bis zum Burn-out haben mich eigentlich keine Gedanken gelähmt ... mir ging's grundsätzlich ‚gut'. Ich habe nicht bemerkt, dass ich als gespaltene Persönlichkeit lebte. Ich kam im Großen und Ganzen mit mir, anderen und dem Leben allgemein zurecht. Ich weiß zwar noch, dass ich als Jugendliche Suizidgedanken hatte, aber heute kommt mir das vor, als ob das jemand anderes war. Ich habe meine Probleme einfach nicht richtig wahrgenommen oder wahrnehmen wollen. Ich denke, das war, weil ich niemanden hatte, zu dem ich damit hätte gehen können."
Esther

Es ist wie eine Art Selbstberuhigung, aber dann wieder eine verzweifelte Frage: „Es geht mir doch gut, ich kann doch dankbar sein. – Oder?" Was bleibt, ist ein inneres Bohren, das sich in depressiven Stimmungen ausdrücken kann.

„Wo sind meine Wünsche und Bedürfnisse?"

„Ich meinte, kein Recht auf eigene Wünsche und Bedürfnisse zu haben. Lebensrecht hatte ich nur, um für andere zu leben und nützlich zu sein – Aufopferung war ein hohes Ideal. Deshalb waren meine Sehnsüchte, Wünsche und Bedürfnisse tief im Inneren eingegraben, und ich habe sie zum größten Teil lange Zeit gar nicht wahrgenommen ...
Ich bin nicht dazu da, um glücklich zu sein, sondern um andere glücklich zu machen – meine Wünsche und Bedürfnisse sind egoistisch und deshalb zu unterdrücken. Wichtig ist es, Gottes Willen zu tun und anderer Menschen Bedürfnisse zu befriedigen. ... So dachte ich tatsächlich."
Jutta

Jede Persönlichkeit hat ganz natürliche Wünsche und Bedürfnisse. Das gehört zu uns Menschen. Bedürfnisse und Wünsche sind ein Teil des menschlichen Lebens. Frage ich aber einen Menschen, dessen Persönlichkeitsentfaltung stagniert, was er sich wünscht, ist es durchaus möglich, dass er das einfach nicht sagen kann.

Als ich einmal mit einer Frau mittleren Alters über mein Anliegen einer Persönlichkeitsentfaltung sprach und etwas erklärte, was ich in der Seelsorge beobachtete, meinte sie plötzlich: „Haben wir denn nicht alle Defizite in unserer Persönlichkeit?"

Dieser Gedanke wird vermutlich manchem kommen, der diese Zeilen liest. Ich habe damals mit Ja geantwortet. Theologisch betrachtet leben wir in einer gefallenen Schöpfung und nach dem Sündenfall. Das bedeutet: Es gibt keine vollkommenen Eltern, und die Kinder reagieren auf ihre Weise auf die Fehler.

Und doch gibt es Unterschiede.

Viele Kinder werden mit den Fehlern ihrer Eltern sehr gut fertig, vor allem, wenn die Beziehungen innerhalb der Familie von Achtung, Respekt und Liebe geprägt sind. Aber je mehr im Elternhaus verletzende Erfahrungen vorkommen, umso größer ist die Möglichkeit, dass die nicht geheilten Wunden Auswirkungen haben. Und haben die Eltern für ihre eigenen inneren Wunden selbst keine Lösung und Heilung gefunden, wird sich das umso mehr auf die Beziehung zu ihren Kindern auswirken.

Und doch bin ich überzeugt, dass es keine Hilfe ist, die „Schuld" für eine ungute, unvollkommene Persönlichkeitsentwicklung auf die Verhältnisse oder vielleicht sogar auf die „Raben-Eltern" zu schieben.

Aber es ist durchaus wichtig, die Hintergründe zu kennen, um sich selbst zu verstehen, um die eigenen Reaktionen besser einordnen und begreifen zu können. Denn: Man kann etwas unternehmen, wenn man versteht, warum man sich so entwickelt bzw. nicht entwickelt hat. So dient das ehrliche Anschauen der mangelnden Identität und der Hintergründe im Elternhaus als Erklärungs- und Verständnishilfe.

Das Gute bei alledem ist: Keiner von uns muss nun weiterhin so reagieren, wie er es von sich kennt. Jedem Menschen steht die Möglichkeit offen, mit Gottes Hilfe nachzureifen und sich weiter zu entwickeln. Wird allerdings die Verantwortung auf die Umstände oder bestimmte Menschen im eigenen Umfeld abgeschoben, wird wenig

Motivation zur Veränderung wachsen. Es wird nichts besser werden, im Gegenteil:

Die Einstellung: „Ich bin eben so, und da kann man nichts machen. Warum hatte ich es auch so schwer?" führt in eine Bitterkeit hinein, die nur weitere Zerstörung anrichtet.

Es gilt: Niemand von uns muss in einer bitteren Einstellung stehen bleiben. Oder in dem Gefühl, dass man ein „armer Mensch" ist, dem das Leben schlimm mitgespielt hat. Daraus erwächst keine Hoffnung, sondern bestärkt nur darin, nichts anpacken zu können, weil man Opfer der Verhältnisse ist.

Begreift ein Mensch dagegen, dass er Möglichkeiten hat, dass er Verantwortung übernehmen kann für seine eigene Entwicklung und für seine Reaktionen auf all die schmerzhaften Erfahrungen, die er gemacht hat, dann bricht neue Hoffnung auf.

Aber auch das „Verantwortung übernehmen" muss erkannt und erlernt werden. Sich selbst oder anderen zu sagen, sie müssten Verantwortung übernehmen, hilft nicht weiter. Der Auslöser zum Begreifen sind oft Menschen, von denen man sich angenommen fühlt und die dazu ermutigen, das eigene Leben anzupacken.

Menschen mit Augen, die sehen
Menschen mit Ohren, die hör'n
Menschen, die Menschen verstehen
Masken der Trägheit zerstör'n

Menschen, die Hoffnung verstrahlen
Hell wie ein Leuchtturm am Strand
Menschen wie Himmelsfilialen
Menschen mit Herz und Verstand

Menschen, die Menschen erschließen
Menschen zum Menschsein befrei'n
Die auch mit Worten nicht schießen
Menschen, die groß sind und klein

Menschen wie offene Türen
Menschen, bei denen es taut
Die ans Feuer dich führen
Menschen, auf die man vertraut

Menschen wie Menschen
Zu Menschen geworden durch Gott
Menschen wie Menschen,
die leben und lieben durch Gott

Menschen wie jener, der Mensch war,
von Gott uns gesandt.
Menschen wie Menschen,
hilf uns so zu werden, mein Gott.
Jürgen Werth

Auf dem Weg der Nachreifung ist eine persönliche Begleitung durch Freunde, eine/n Mentor/in oder eine/n Seelsorger/in entscheidend. Betroffene bekommen den Mut, ihr Leben ehrlich anzuschauen und eine Bestandsaufnahme zu wagen, wenn sie eine liebevolle Unterstützung erfahren. Es kann das ermutigende Gefühl wachsen: „Ich stehe nicht alleine. Ich kann meine Defizite aushalten, weil mich ein anderer auf dem Weg aushält." Gottes Liebe und Versöhnung werden durch die Liebe und Geduld eines Menschen greifbarer. Die Hoffnung wird stärker, dass Heilung möglich wird. Und man wird ermutigt, dass es einen Weg geben kann, nachzureifen und dem Leben anders zu begegnen als bisher.

Bisher habe ich vielleicht mit Rückzug reagiert, jetzt möchte ich die Situation aushalten und daran reifen. Bisher habe ich mich damit identifiziert, dass meine Wünsche und Bedürfnisse nicht wichtig sind. Jetzt kann ich sie wahrnehmen und Wege finden, wie ich sie verwirklichen kann.

Vielleicht war das eine meiner größten Schlüsselerfahrungen auf dem Weg: Ich kann Verantwortung übernehmen. Das bedeutete für mich: Ich bin mir selbst und den Umständen nicht ausgeliefert, sondern ich

kann die Defizite annehmen und dafür die Verantwortung übernehmen. Ich kann die Verletzungen erkennen, benennen und Heilung erfahren. Aber ich brauchte immer wieder das Gespräch und die Ermutigung von Freunden. Manchmal waren sie wie Trainer am Rand des
„Fußballfelds des Lebens", die mich ermutigten und mir zuriefen:
„Du schaffst es!"

Ich denke, wir haben die Wahl, ob wir – Eltern wie Kinder (die vielleicht selbst wieder zu Eltern geworden sind) – das Leben als Chance zum Reifen und Wachsen verstehen oder vor unseren Defiziten
kapitulieren und sie zu verdrängen oder zu übertünchen suchen.

Ich möchte dazu ermutigen, sich nicht mit den eigenen „Unzu-
länglichkeiten" abzufinden, sondern ihnen ehrlich ins Gesicht zu
schauen. Gerade die wunden Punkte im Leben können helfen, mich
selbst und Gott tiefer kennen zu lernen und seine Bestimmung für
mein Leben zu entdecken. Und manchmal kann ich sogar im Nachhinein erkennen, dass Krisen mir geholfen haben, dem inneren Fragen und Rätseln nicht mehr auszuweichen. Und gerade dann konnte
Gott mir begegnen und mich in eine bisher ungeahnte Entfaltung
führen.

„In der Seelsorge konnte ich meinen Burn-out aufarbeiten und stieß
nun endlich auf die ausgedörrte Seele in mir, die nach Beziehung und
Begegnung hungerte. Es dauerte eine Weile, bevor ich Schritt für Schritt
Zugang dazu bekam. Gott machte mir das große Geschenk, dass er mir
einen Menschen gab, der sich wirklich für mich interessierte. Der sich
nicht zufrieden gab mit meinen oberflächlichen Antworten und mir
Mut machte, mein Denksystem zu hinterfragen, zu sprengen und den
Weg in ein ehrliches Leben zu wagen. Der an meiner Seite blieb durch
viele Fragen, Zweifel, Ohnmacht und Trauer, und mir immer wieder begegnete. Ich erlebte die Kraft einer echten Beziehung, die mir den Mut
gab, mir selber und dem Leben ins Gesicht zu sehen und den Schmerz
auszuhalten, der damit verbunden war. Ich fühlte mich wie ein Mensch,
der aus einem Gefängnis in die Freiheit vordringt, in dem er Stein um
Stein des Gefängnisses abträgt, um draußen im warmen Sonnenschein
des Frühlings über das Leben zu jubeln.

Nach und nach entdeckte ich auch die Freude der echten Beziehung zu Gott. Ich lernte ihn kennen als den, der vor allen anderen an meiner Seite bleibt und mir eine echte Beziehung anbietet. Das hat mein Glaubensleben revolutioniert."
Maria

KAPITEL 3

FOLGEN DER VERLETZUNGEN UND HINDERNISSE AUF DEM WEG

Selbstverachtung • Selbstmitleid • Unversöhnlichkeit • Selbstbetrug • Wenig Motivation • Übertragung • Die Beziehung zu Gott leidet Schaden • Ablehnung von Eigenverantwortung • Flucht • Passivität und Lähmung • Schuldgefühle • Mangel an Auseinandersetzungsfähigkeit • Ängste • Sich selbst nicht annehmen können • Die Wahrheit nicht aushalten können

Dieses Kapitel möchte Sie behutsam hineinführen in die Folgen der Verletzungen und die Reaktionen der verborgenen Abgründe Ihres Herzens. Lassen Sie sich mitnehmen und versuchen Sie Ihre persönlichen Entdeckungen zu machen. Das ist ein großer Schritt in Richtung Veränderung und Heilung. Gott möchte Ihnen dabei helfen. Er liebt Sie und hält Sie an der Hand. Er spricht Ihnen zu:

„Fürchte dich nicht, denn ich bin bei dir; hab keine Angst, denn ich bin dein Gott! Ich mache dich stark, ich helfe dir, mit meiner siegreichen Hand beschütze ich dich!" (Jes. 41,10)

Suchen Sie sich Menschen, mit denen Sie offen sprechen können, die Sie verstehen wollen und Ihnen zur Seite stehen, die Rätsel Ihrer Seele zu lüften.

Oftmals entdeckt man erst an den Auswirkungen im gegenwärtigen Leben eine mangelnde Identitätsreifung und bekommt die Sehnsucht, einen Weg der Veränderung zu suchen und zu finden.

So war es auch bei mir. Mir wurde im Lauf der Jahre klar, dass Verletzungen immer Folgen haben für meine persönliche Entwicklung. Und je früher die Verletzung geschieht, umso tief greifender sind in der Regel die Auswirkungen und inneren Prägungen. Bausteine der Identität fehlen, was sich dann im ganz alltäglichen Leben schmerzlich auswirken kann.

Menschen haben mich auf dem Weg der Veränderung begleitet. In jungen Jahren hat Gott mir eine Frau zur Seite gestellt, die mir in unzähligen Gesprächen half, mich selbst wahrzunehmen. Später sprach mich eine andere Frau rechtzeitig an, sonst hätte ich aufgegeben und mein Leben, das ich nicht mehr ertragen konnte, weggeworfen. Später suchte ich das Gespräch mit Freunden und einer Seelsorgerin, die mir halfen, meine Verletzungen zu erkennen. Sie haben mich immer wieder ermutigt, Gottes Hand zu ergreifen, um an Gottes Heilung zu glauben und den Weg der Nachreifung zu gehen. Das Aussteigen aus festgelegten Denk- und Handlungsstrukturen brachte viel Unsicherheit mit sich. Meine Bereitschaft Neues zu lernen wuchs, aber oftmals wusste ich nicht, wie die Alternative aussieht. Es braucht Zeit und Geduld, um neue Wege des Denkens, Fühlens und Handelns zu finden und darin zu leben.

Schauen wir uns die Folgen und Hindernisse nun etwas genauer an. Versuchen Sie zu lernen, sich selbst zu verstehen – ohne sich zu verurteilen! Geben Sie sich selbst die Erlaubnis, sein zu dürfen – auch wenn manches, was Sie sehen, keine positiven Dinge sind. Es ist wichtig, einen wohlwollenden Blick für sich selbst zu bekommen. Geben Sie nicht auf, wenn es nicht so leicht erscheint!

Eine Folge gibt es in zweierlei Formen, offen oder versteckt: die Selbstverachtung.

Selbstverachtung

„Ich kann mich noch gut erinnern, dass mich die Selbstverachtung fest im Griff hatte. Jedes Wort, jeder Satz, den ich schrieb, jeder Gedanke und jedes Gefühl wurden negativ kommentiert. Es war wie ein innerer Würgegriff, dem ich zu entkommen suchte ... und einfach keine Lösung wusste, wie."
Martina

Aufgrund mancher Botschaften innerhalb der Familie kann ein Mensch den Eindruck gewinnen, dass er hätte anders sein müssen. Auf jeden Fall hat er oder sie nicht das Gefühl vermittelt bekommen, angenommen zu sein. Als Reaktion verachtet man sich nun selbst. Als Kind hat man „gelernt": „Irgendwas muss an mir falsch sein, sonst wäre ich liebenswert." Da man als Kind den Schmerz nicht aushalten könnte, nicht angenommen zu sein, wählt man zum eigenen Schutz – ganz unbemerkt – diese Einstellung. Als Erwachsener spürt man dann eine innere Selbstablehnung, deren Ursache man zunächst nicht kennt. Die Reaktion, die man als Kind „gelernt" hat, ist geblieben. Man möchte dem Schmerz, nicht akzeptiert zu sein, nicht wieder begegnen. Im Erwachsenenalter kommen weitere unreife und kindliche Verhaltensweisen zum Vorschein. Wenn man diese Verhaltensweisen entdeckt, verachtet man sich dann und verdrängt sie schnell wieder. Aber das unterschwellige Gefühl der inneren Ablehnung bleibt.

Das Grundgefühl: Wir sind uns selbst unangenehm und oftmals nicht gut auf uns zu sprechen. Eine tiefe Unzufriedenheit prägt das Leben, und wir empfinden uns selbst nicht attraktiv und liebenswert. Auch der Zuspruch Gottes kann von uns abprallen, obwohl wir ihn mit Verstand aufnehmen. Aber unser Herz wird davon nur manchmal erreicht.

Selbstmitleid

„Ich habe mich sehr bedauert. Schließlich ging es niemandem so
schlecht wie mir. Mein Selbstmitleid hat mich oft daran gehindert,
konstruktive Schritte zu gehen. So bin ich immer wieder bei mir hängen
geblieben. Es ist, als ob neben der echten Persönlichkeit eine zweite
existiert, die sich vom realen Leben nicht beeindrucken lässt, sondern
ständig jammert. Lange Zeit habe ich mich mit diesem Selbstmitleid
identifiziert. Lieber eine negative Persönlichkeit, als niemand zu sein.
Das hat meine Reifung oft verlangsamt."
Daniela

Selbstmitleid möchte keiner haben, darum wird es rasch verdrängt.
Vielleicht haben Sie den Mut, sich das Gefühl einzugestehen. Es
wäre eine Hilfe, um dann zu einer Veränderung zu kommen. Bleibt
es im Verborgenen, wird es weiterhin aktiv bleiben und Sie lähmen.

Wie entsteht eigentlich diese „innere Selbsttröstung" (denn das ist
Selbstmitleid), die sich wie ein lähmender Schleier auf alle unsere Gedanken und Gefühle legen kann? Wie kommt es zu diesem inneren
Klagen und Jammern, das wir oftmals vor uns selbst zu verbergen
suchen und das doch unser Leben in den Sog von negativen und zer-
störenden Gedanken bringt?

Es ist die Klage des ungetrösteten Kindes in uns, das sich missver-
standen und überfordert gefühlt hat. Es ist der Versuch, die inneren
Schmerzen auszugleichen. Dieser Versuch hilft uns nicht weiter, sondern bringt uns in eine Sackgasse von zermürbenden Kreisläufen und
verhindert das ehrliche Eingestehen der wirklichen Trauer über mangelnde Liebe und Fürsorge.

Alle Gedanken enden in dem Gedanken: „Ach, ich Armer, mich
versteht sowieso keiner. Niemandem geht es so schlecht wie mir.
Alles ist mir zu schwer." Das Selbstmitleid durchdringt unser Glaubensleben und – ohne dass wir es selbst bemerken – unterstellen wir
Gott, dass er uns im Stich gelassen hat und nicht helfen will. Im Anhang finden Sie eine Ausarbeitung über das Selbstmitleid. Schauen
Sie sie sich an, und versuchen Sie, Ihre Form des Selbstmitleides in

Ihrem Leben zu entdecken. Das befähigt zu Schritten, um die Sackgasse zu verlassen, den „lähmenden Trost" durch echten Trost zu ersetzen und das Selbstmitleid zu überwinden.

Unversöhnlichkeit

Unversöhnlichkeit kann lange Zeit unbemerkt in uns schlummern. Man spürt vielleicht, dass es schwerfällt, anderen zu vergeben. Man ist sehr verletzlich und verachtet sich selbst vielleicht für die ausgeprägte Empfindlichkeit. Man kann sich gar nicht vorstellen, wie Vergebung aussehen sollte. Und dann kann noch dazu kommen, dass unbemerkt ein Teil unserer Persönlichkeit die Liebe und Zuwendung einfordert, die ihm versagt wurde, und dass das in allem „mitschwingt".

Wieder andere wissen um ihre Verletzungen, aber können sie nicht so leicht loslassen. Sie sind bereit, etwa ihren Eltern zu vergeben, aber sie spüren, dass sie nicht von innen heraus vergeben können. Möglicherweise ist verborgen geblieben, dass sich im Inneren viel Bitterkeit angesammelt hat. Aussagen wie „Damit komme ich einfach nicht zurecht" oder „Das musst du doch verstehen, dass ich das nicht so einfach verkraften kann" wiederholen sich.

Es braucht oft Zeit und Geduld, bis ein betroffener Mensch das überhaupt so sehen und sagen kann. Andere spüren diese Unversöhnlichkeit vielleicht, aber selbst hat man diese Wahrnehmung nicht und fühlt sich durch entsprechende Fragen oder Anregungen anderer eher abgelehnt, brüskiert und nicht verstanden.

Wenn man nun die eigene Unversöhnlichkeit erkennt, bedeutet das nicht, dass man nun auch gleich weiß, was zu tun ist. Es braucht die Einsicht, dass Vergebung *nicht* bedeutet, dass wir die Schuld des anderen für nichtig erklären. Die Bereitschaft zu vergeben kann – genauso wie das Erkennen, was das eigentlich bedeutet – Zeit in Anspruch nehmen und steht oft erst am Ende eines längeren Heilungsprozesses.

Selbstbetrug

Auch wenn es im ersten Moment missverständlich klingt: Ohne Selbstbetrug werden manche Verletzungen zunächst nicht verkraftet. Wenn wir die Wahrheit nicht mehr ertragen können, deuten wir die Wahrheit um; das ist ein natürlicher Antrieb im Leben eines Kindes, das verletzt wird. Man musste sich etwas vormachen, um die Verletzungen und den Mangel an Liebe und Akzeptanz verkraften zu können.

Wenn Sie vielleicht entdecken, dass Sie so eine Art Lügennetz aufgebaut haben, brauchen Sie sehr viel Mut, sich damit zu konfrontieren, ohne sich selbst zu verachten. Und doch kann ich Sie nur dazu ermutigen. Es ist nie leicht, wenn andere einem die Wahrheit sagen. Aber wenn es von einem Menschen kommt, der Ihr Begleiter ist auf dem Weg, den Sie gehen, jemand, der Sie achtet und schätzt, dann versuchen Sie darauf einzugehen. Es wird Ihnen helfen, Ihr verletztes Herz zu entdecken, das sich nach Heilung sehnt.

> „Ich lernte, dass der Weg der Heilung über die Wahrheit führt. Ich kann Heilung nicht erwarten, wenn ich nicht bereit bin, ehrlich zu werden und mich den wirklichen Zusammenhängen meines Lebens zu stellen. Ich lernte auch, dass ich schon für dieses Ehrlichwerden Gottes Hilfe brauche, weil der Selbstbetrug so gelungen sein kann, dass ich ihn selber nicht durchschaue, oder der Schmerz so groß ist, dass ich die Wahrheit nicht ertragen kann."
> Maria

Wenig Motivation

Das ist ein Hindernis, dem Sie immer wieder begegnen werden. Bei allem guten – und wichtigen – Willen: Sie können Ihre Persönlichkeitsentfaltung nicht „machen". Es wird immer wieder einmal auch ein Durchhänger kommen, vor allem, wenn Sie an manchen Stellen keine Veränderung spüren. Geben Sie nicht auf! Wenden Sie sich Ihrem gegenwärtigen Leben zu, nehmen Sie sich selbst an und übergeben Sie sich Gott. Er wird Ihnen helfen, weiterzumachen. Zur Ermutigung möchte ich sagen, dass jeder Schritt in Richtung Veränderung, jedes Auseinandersetzen mit sich selbst weiterbringt. Nur: Es braucht Zeit, denn zu Beginn geschieht die Veränderung im Verborgenen – wie ein kleines Pflänzchen, das allmählich wächst und erst nach einiger Zeit sichtbar wird. Schon aus dem Grund ist es gut, einen Begleiter zu haben, vielleicht sogar eine Gruppe von Menschen, die auf dem Weg ermutigen. Menschen, bei denen wir das Gefühl haben, angenommen zu sein, und die nicht aufgeben, die Hoffnung zu vermitteln.

Übertragung

„Ich habe lange Zeit die ungeklärten Beziehungen zu meinem Vater und meiner Mutter in alle Beziehungen mit hineingenommen, die in irgendeiner Form tiefer gingen. Damit habe ich Menschen und Gott verletzt und auch verhindert, dass ich das Gute, das sie mir gaben, empfangen konnte."
Daniela

„Übertragung gehört zu den schwierigsten Teilen der Heilung, finde ich. Mir ging es so, dass ich lange nicht entdecken konnte, ob und wo ich übertrage. Und hatte ich die Übertragung dann entdeckt, fiel es mir schwer zu unterscheiden, was davon sich auf eine frühere Verletzung bezog, und was mit der direkten Situation zu tun hat. ... Ich entdecke Übertragung oft dort, wo ich extrem und unangemessen emotional reagiere – was eigentlich der Situation nicht entspricht."
Maria

Eine Übertragung bedeutet, dass wir verletzende Erfahrungen mit bestimmten Personen aus der Vergangenheit auf gegenwärtige Beziehungen übertragen. Wir haben offene Rechnungen von Groll und Bitterkeit in uns, die wir – natürlich unbewusst – in jetzigen Beziehungen begleichen möchten.

So übertrug ich manche schmerzhaften Erfahrungen von meinem

Elternhaus auf Freunde und Vorgesetzte. Ich lernte mit der Zeit, meine oft sehr starken Gefühle von Wut und Abwehr, die ich als Reaktion auf bestimmte Personen erlebte, innerlich auszuhalten. Gleichzeitig überlegte ich, wieso ich so verletzt und empfindlich reagierte. Dabei ging mir auf, dass mich ein bestimmtes Verhalten an meine Mutter oder meinen Vater erinnert hat. Das erschloss mir den Zugang zur eigentlichen Ursache meiner Reaktion. Meine Verletzungen, die in mir verborgen lebten, wurden offenbar und ich konnte sie Gott bringen und in einen Prozess der Vergebung und Heilung kommen.

Die Beziehung zu Gott leidet Schaden

Verwirrung, Resignation, Sehnsucht, Abwehr, Anklage – alles das findet sich in unseren Herzen wieder in der Beziehung zu Gott. Vielleicht wünschen wir uns eine gute Beziehung, schaffen es nicht und schämen uns dafür. Oder wir werden rebellisch und zynisch, fühlen uns aber innerlich als Versager.

> „‚Der Herr ist mein Hirte, mir wird nichts mangeln' (Ps. 23,1). Dieser Bibelvers war für mich über Jahre hinweg eine einzige Provokation. ‚Das stimmt doch gar nicht', zu diesem Schluss kam ich immer wieder. ‚Ich empfinde doch Mangel – sehr intensiven Mangel.' Ich begann Gott anzuklagen und ihm Vorwürfe zu machen. Erst später wurde mir klar, dass dieser Mangel das Signal war, damit ich mich auf den Weg machen sollte, meine eigene Identität zu entdecken und zu entfalten. Gott hat diese Anklage ausgehalten und mich nicht losgelassen. Aber im Nachhinein kann ich sagen, dass die Übertragung mich auf dem Weg der Heilung gehemmt hat."
> Martina

Ich beobachte in Seelsorgegesprächen, dass eine Mauer des Misstrauens und der Anklage Gott gegenüber im Herzen verborgen ist. Der Hintergrund sind wiederum Verletzungen, die zu einer inneren Abschottung geführt haben und den Zugang zu Gottes Liebe und seinem Eingreifen verhindern. Der Betroffene fühlt sich von Gott im Stich gelassen und kann nicht verstehen, warum Gott nicht eingreift. Die unbemerkte Bitterkeit des Herzens steht wie eine Wand zwischen ihm und Gott. Gerade die Liebe Gottes könnte diese innere Abschottung aufweichen, aber dann würde der Schmerz empfunden werden – und davor gibt es Angst. Es braucht etwas Zeit, bis der Mut wächst, sich darauf einzulassen.

Frank und Catherine Fabiano schreiben:

> „Wenn unsere natürliche Entwicklung nicht so ist, wie sie sein sollte, wirkt sich das auch auf unseren geistlichen Reifeprozess aus. So, wie es nötig ist ‚von Neuem geboren zu werden‘, müssen wir auch ‚von Neuem wachsen‘, um zu erreichen, wozu uns der Vater erschaffen hat. ... Unsere Vergangenheit ist immer da ..., unser ganzes Leben wird von dem beeinflusst, was vorher war. Wir können unsere Gegenwart ebenso wenig von der Vergangenheit lösen, wie ein Baum von seinen Wurzeln wegmarschieren kann."

Ablehnung von Eigenverantwortung

Man fühlt sich hilflos und sieht keine Möglichkeit, wie es zu einer inneren Veränderung kommen kann. So neigen manche dazu, sich vor der Verantwortung zu drücken. „Der andere muss helfen, ich kann das nicht", wird anderen Menschen signalisiert. Man erntet Ablehnung, was die eigene Hilflosigkeit noch verstärkt. Oder man findet Helfer, die sich dann aber auch nach einiger Zeit zurückziehen, weil sie sich erdrückt oder aufgesaugt fühlen.

Man braucht Menschen, die einen geduldig darin unterstützen, Verantwortung für das eigene Leben zu übernehmen. Verantwortung für die eigenen Defizite und die Bereitschaft, daran zu arbeiten. Verantwortung für die mangelnde Fähigkeit, sich den Herausforderungen des Lebens zu stellen.

„Ich überließ die Verantwortung für mein Leben Gott, meinte mich
mehr hingeben zu müssen, meinen Hunger von ihm stillen zu lassen.
Übersah aber dabei, wie wertvoll mich Gott mit Willen ausgestattet hat
und mir selbst die Verantwortung für mein Leben in die Hand gegeben
hat."
Tamara

Flucht

Man vermeidet die Begegnung mit sich selbst, möchte seiner eigenen
Unfähigkeit nicht ins Auge schauen. Auch das ist ein Kennzeichen
einer nicht abgeschlossenen Reife, der (noch) nicht gelungenen Identitätsentwicklung – ausgelöst durch Verletzungen oder Hindernisse.
Das äußert sich in der Tendenz zu flüchten: Man fürchtet sich unbewusst vor den verletzenden Erfahrungen und inneren Schmerzen, die
unweigerlich hochkommen, wenn man über sein Leben (eben samt
den Verletzungen oder Hindernissen) nachdenkt. Und so lernt man
früh, davor zu fliehen. So werden bestimmte Herausforderungen gemieden, aus Angst, es nicht zu schaffen. Es gibt die Flucht in Beziehungen, um dem Gefühl der inneren Einsamkeit zu entkommen. Es
gibt die Flucht in Suchtmittel, um den Schmerz zu betäuben. Es gibt
die Flucht in die Arbeit, die einen zu hohen Stellenwert einnimmt,
weil darin eine ausgleichende Erfüllung gesucht wird.

Der Grund ist immer derselbe: Die innere Leere, ausgelöst durch
die Persönlichkeitsbereiche, die wir nicht entdecken und entfalten
konnten, möchte man nicht mehr wahrnehmen. Ein Mensch, dem es
so geht, läuft im Grunde vor sich selbst davon und sucht eine ausgleichende Befriedigung. Und das ist verständlich! Es wäre nicht in Ordnung, sich dafür zu verachten. Es ist viel wichtiger, den Hintergrund
der Flucht zu entdecken.

Viele Menschen habe ich in der Seelsorge kennen gelernt, die diese Flucht über Jahre ihres Lebens durchhalten. Diese Flucht ist ihnen
nicht bewusst, denn sie ist ein Teil ihrer Persönlichkeit geworden, um
unliebsame Erinnerungen nicht spüren zu müssen. Sogar die Hin-

gabe im Dienst für Gott kann von der Flucht vor sich selbst motiviert sein. Solche Menschen können sich im Dienst für Gott verzehren, und mancher ist beeindruckt, wie groß ihr Engagement und Einsatz ist. Keiner merkt, wie sehr sie damit versuchen, ihren inneren Verletzungen zu entkommen – nicht einmal sie selbst. Kommt es dann zu einer persönlichen Krise im Leben oder sie erleben eine große Erschöpfung, werden solche verborgenen inneren Antreiber erst bewusst.

„Ich spielte lange Vogel Strauß und versteckte meinen mangelnden Bezug zu anderen Menschen und dem ganz normalen Leben hinter meiner Übergeistlichkeit. Seit dem 16. Lebensjahr flüchtete ich mich auch ins Essen."
Magdalene

„Ich versuchte, es allen Menschen recht zu machen, hatte kaum eine eigene Meinung, meinte auch, kein Recht zu haben, meine Meinung zu vertreten. Das hatte zur Folge, dass ich keine Konfliktfähigkeit entwickelte. Das führte zu einer chronischen Haltung des Ausweichens und der Flucht."
Jutta

Passivität und Lähmung

Vielleicht kennen Sie ein Gefühl der Lähmung, wenn Sie in bestimmten Situationen herausgefordert werden? Oder erleben Sie sich in einer Diskussion passiv, lassen lieber die anderen reden, würden sich aber wünschen, mehr aus sich herausgehen zu können?

Versuchen Sie sich zu verstehen. Es könnte sein, dass Sie aufgrund von verletzenden Erfahrungen gelernt haben, Ihre Wünsche und Ihr Wollen zu verleugnen. Sie hatten Angst, abgelehnt zu werden. Vielleicht haben Sie erlebt, dass Ihre Eltern nicht auf Ihre Bedürfnisse eingehen konnten. Daraus könnte sich in Ihnen ein Gefühl der Ohnmacht und Überforderung entwickelt haben. Der Gedanke „Da kann ich nichts machen" hat sich tief eingeprägt und äußert sich in einer nicht erklärbaren Passivität. Dahinter kann sich auch eine Trotz-reaktion verbergen, nach dem Motto: „Dann eben nicht, ihr werdet sehen, was ihr davon habt".

Aber es kann auch ein „Schutzmantel" sein, den man sich angelegt hat, um den Verletzungen nicht begegnen zu müssen. Oder eine Art „Totstellreflex", der immer dann auftaucht, wenn wir in der Gegen-wart ähnliche Erfahrungen machen. Die Gedanken und Gefühle sind wie auf Eis gelegt.

Diese Passivität wird dann auf dem Weg der Heilung schmerz-liches Hindernis, weil sich diese innere Lähmung nicht einfach ab-schütteln lässt. Es braucht Zeit und Geduld, den Mut zu bekommen, sich aufzuraffen oder gar diesen Schutzmantel abzulegen. Verlieren Sie nicht den Mut, wenn es nicht gelingen will. Gott hat viel Zeit und Geduld. Oft habe ich beobachtet, dass Menschen sich auf den Weg machen und aus dieser Lähmung heraustreten. Und dann nach eini-gen Wochen stellten sie fest, dass die Lähmung sie wieder eingeholt hatte. Das kann entmutigen, aber geben Sie nicht auf.

„Passivität erlebe ich als inneren Rückzug, ein Abwarten in den ver-schiedenen Situationen des Tages: Ich warte ab, bis ich gefragt werde, ich nehme hin, was andere vorgeben. Ich habe das Gefühl, mein Leben geht mich nichts an und gehe davon aus, dass mein Engagement sowie-so keinen Erfolg hat. Es liegt wie eine Art Lähmung über meinem Le-ben. In meiner Freizeit lasse ich mich hängen, starre Löcher in die Luft, lese Bücher, um mich abzulenken. Meine Gefühle sind überschattet von einer dicken Wolke."
Claudia

„Lange Zeit wusste ich nicht, dass ich gelähmt bin. Unbewusst hat mich der Gedanke gelähmt, dass das Leben zu schwer für mich ist. Ich hatte keine Ahnung, wie ich es bewältigen sollte, fand keinen Weg – nur den der Anpassung. Ich dachte, ich bin auf irgendeine Weise dumm, und es ist zwecklos, überhaupt anzufangen. Ich habe keine Kraft dazu. Später wurde mir das als tief sitzende Resignation bewusst."
Maria

Schuldgefühle

In vielen Beziehungen lauern Schuldgefühle. Wenn man wenig innere Sicherheit besitzt aufgrund der mangelnden Identität, versucht man sich ein Raster aufzubauen, wie man am besten leben könnte. Aber dann genügt ein „schräger Blick" des anderen oder eine kritische Bemerkung, um uns in das Gefühl des Versagens zu stürzen. Wir meinen zu spüren, nun irgendetwas falsch gemacht zu haben, wissen aber nicht unbedingt, was genau. Die inneren Defizite können leicht dazu führen, sich für alles und jedes schuldig zu fühlen.

> „Ich hatte schon früh sehr hohe Ideale, wie ich sein sollte bzw. meinte, sein zu sollen und wollte gern das Traumbild meiner Eltern erfüllen, um keine Ablehnung erfahren zu müssen. Das führte zu einer inneren Zerrissenheit, einem ständigen Versagen (ich kann es ja nie allen recht machen), Dauerschuldgefühl oder besser Schamgefühl, Selbstverachtung, Selbstverdammung."
> Jutta

Mangel an Auseinandersetzungsfähigkeit

Eine gelungene Persönlichkeitsentfaltung zeigt sich an der Fähigkeit, sich mit dem Leben auseinandersetzen zu können. Und wenn das nicht so ist? Ein Hintergrund könnte sein, dass in der Familie über Gefühle und Gedanken in der Regel nicht gesprochen wurde, dass sie tabu waren. Oder es blieb einem unklar, wie man mit sich selbst umgehen sollte und man war meistens damit beschäftigt, das Leben „irgendwie" zu bewältigen. So kann unbemerkt ein innerer Rückzug entstehen: Ein Mensch fühlt sich überfordert und weicht einer Auseinandersetzung aus. Aber gerade diese Fähigkeit, sich mit sich selbst, mit anderen und allem, was einem begegnet, auseinanderzusetzen, braucht man jetzt, um nachzureifen und sich zu entfalten.

Sie müssen sich nun nicht entmutigen lassen! Auch wenn Sie spüren, dass Sie sich über viele Dinge des Lebens nie Gedanken gemacht haben, und wenn das Gefühl aufkommt, es nicht zu schaffen: Die Fähigkeit, sich mit sich selbst und anderen, mit verschiedenen Meinungen und Lebenssituationen auseinanderzusetzen ist erlernbar. Auch jetzt.

Halten Sie nach Menschen Ausschau, die Ihnen dabei helfen. Aber es ist ganz natürlich, dass Sie ausweichen und manchmal innerlich aufgeben. Gerade dieses innere Aufgeben kann so schnell und automatisch einsetzen, dass Ihre Entfaltung stagnieren kann. Verurteilen Sie sich nicht dafür, sondern machen Sie einfach „trotzdem" weiter.

Im Anhang finden Sie eine Anleitung für eine Auseinandersetzung mit dem Leben. Nehmen Sie diese zur Hand und versuchen Sie sich klar zu werden, an welchen Stellen Sie der Auseinandersetzung aus dem Wege gehen. Lassen Sie sich nicht von der Realität erschlagen, sondern beginnen Sie mit einem Punkt, z.B. mit Beziehungen oder in Ihrem Beruf, sich mit sich selbst und anderen auseinanderzusetzen. Bilden Sie sich eine Meinung und fragen Sie sich, was Sie möchten und was der andere möchte.

Ängste

Es gibt eine große Angst, „erkannt" und abgelehnt zu werden, die Angst, bloßgestellt und beschämt zu werden und die Angst, das Leben nicht zu schaffen. Angst vor fremden Situationen treibt zum Rückzug und man fühlt sich isoliert. Für sich selbst unbemerkt bleibt man in seinen Reaktionen in manchen Lebenssituationen kindlich und vermittelt anderen Menschen das Gefühl, hilfsbedürftig und schwach zu sein. Man hat Angst zu versagen, fühlt sich unfähig, Verantwortung zu übernehmen. Zukunftsängste können das Lebensgefühl bestimmen. Ängste, in Beziehungen zu versagen. Es können aber auch unbestimmte Ängste sein, die sich unangemessen äußern, zum Beispiel gegenüber bestimmten Tieren, vor freien Plätzen und engen Räumen. Diese Ängste können einen überfallen oder als ständige Begleiter unser Leben belasten.

Drei Frauen berichten, welche Ängste sie lange empfunden haben:

„… und die Angst davor, dass andere merken, das ich nicht gut reden kann, meine Allgemeinbildung nicht so gut ist und ich keine richtige Meinung habe."
Svenja

„Die Angst, ob ich dem Leben überhaupt gewachsen bin, oder ob es irgendwann so böse zuschlägt, dass all meine guten Vorsätze und Einübungen mit einem Fingerschnipsen den Bach runter sind."
Doris

„Versagensängste, die mich in eine ungute Unruhe führen können; daraus resultierende depressive Verstimmung, Frust, Wut, Enttäuschung, Einsamkeit."
Esther

Und gerade diese Ängste untergraben leicht unser Vertrauen auf Gott. Sie scheinen immer stärker zu sein und schier unüberwindlich. Diese Ängste können uns abhalten, der Wahrheit über uns selbst begegnen zu wollen, weil wir Angst haben, diese nicht aushalten zu können. Auch hier braucht es Menschen, die uns ermutigen, nicht aufzugeben, sondern trotzdem auf Gott zu vertrauen. Es braucht Menschen, die die Geduld nicht verlieren, wenn wir „es nicht so schnell hinkriegen". Und wir brauchen Geduld mit uns selbst, sonst werden wir wieder im Kreislauf der Selbstverachtung landen und das Selbstmitleid wird uns einholen. Und das muss nicht sein.

Henri Nouwen schreibt Ermutigendes für den Weg:

„Wenn du dein Leben genau betrachtest, wirst du feststellen, von wie viel Furcht es erfüllt war, Furcht vor allem vor Menschen mit Autorität: deinen Eltern, deinen Lehrern, deinen Vorgesetzten, deinen geistlichen Begleitern, ja sogar deinen Freunden. Du hast dich ihnen nie gleichwertig gefühlt und dich vor ihnen geduckt. … Verliere nicht den Mut, und bedenke, dass du dich nach so vielen Jahren nicht ändern kannst. Tritt einfach so, wie du bist, in den Gegenwart Jesu ein, und bitte ihn, dir ein furchtloses Herz zu geben, in dem er bei dir sein kann."

Sich selbst nicht annehmen können

Beginnt man sich mit sich selbst zu beschäftigen und geht Schritte in Richtung eigener Identität, dann entdeckt man immer mehr, wer man ist und gleichzeitig auch, wie sehr man – zumindest teilweise – eben nicht so sein möchte, wie man ist. Es fällt schwer, sich selbst anzunehmen als jemanden, der das Leben nicht ganz geregelt bekommt, der in Beziehungen manche Probleme hat, sich leicht überfordert fühlt oder innerlich unbefriedigt ist. Sich selbst anzunehmen als jemanden, der traurig ist, aber nicht weiß warum, als jemanden, der im christlichen Dienst voll engagiert ist, aber einfach merkt, dass mit ihm etwas nicht stimmt.

Wie leicht besteht dann die Gefahr, das Ganze zu verdrängen und beiseitezuschieben. Sich selbst zu verurteilen und negativ zu bewerten und abzulehnen.

Auch ich kenne aus meinem Leben viele Situationen, in denen ich mich nicht annehmen konnte. Beispielsweise war es mir früher kaum möglich, alleine in einem Geschäft einzukaufen oder einfach an die Tankstelle zu fahren, um zu tanken. Mehr als einmal bin ich unverrichteter Dinge aus einem Geschäft förmlich „geflohen", weil ich das schreckliche Gefühl der Überforderung nicht aushalten konnte. Ich verstand nicht, warum ich mich bei so einer banalen Angelegenheit – wie ich meinte – „so anstellte". Auch hier musste ich Geduld lernen mit mir selbst, mich in meiner Schwachheit akzeptieren und doch immer wieder versuchen, eine innere Kraft zu entwickeln. Zu Beginn ging ich trotz Angst immer wieder hin. Im Laufe der Zeit entdeckte ich, dass sich in solchen Situationen die Erfahrung einer inneren Verlassenheit aus meiner Kindheit bemerkbar machte. Und: Je tiefer die innere Heilung voranschritt, umso leichter konnte ich auch solchen Situationen mit Gelassenheit begegnen.

Die Wahrheit nicht aushalten können

„Ihr werdet die Wahrheit erkennen und die Wahrheit wird euch befreien." (Joh. 8,32)
Wahrheit tut gut. Jesus möchte jeden Menschen in geduldiger Liebe an die Wahrheit seines Lebens heranführen. Er lässt sich nicht abschrecken, wenn Sie (noch) nicht bereit sind, ihr zu begegnen oder das Gefühl haben, sie nicht aushalten zu können. Aber er wird Sie Wege führen, die Sie ermutigen, der Wahrheit nicht mehr auszuweichen.

Durch erfahrene Verletzungen ist mancher empfindlich geworden. Man musste sich abschotten, da man vielleicht mit viel Kritik und Ablehnung konfrontiert wurde. Und so fühlt man sich heute rasch falsch verstanden oder gar abgelehnt, wenn einem jemand die heilsame Wahrheit sagt. Man kann nicht sofort unterscheiden, wendet sich ab und denkt „Das ist zu hart für mich". Oder man merkt die innere Abwehr, die Bitterkeit und den Stolz nicht, die sich durch frühere verletzende Erfahrungen in einem aufgebaut haben. Man schämt sich vielleicht für seine Defizite, für die Unfähigkeit, und will nicht damit konfrontiert werden. Man möchte sie weder vor sich selbst noch vor dem anderen eingestehen. Man hat sich selbst gegenüber der Wahrheit immun gemacht, weil sie zu schmerzhaft und zu demütigend für einen selbst wäre. Es braucht sehr viel Geduld und freundliche Begleitung, damit die Sehnsucht nach Veränderung größer wird als die Abwehr, die Wahrheit zu sehen.

Wenn Sie dieses Kapitel gelesen haben und das Buch nicht inzwischen zur Seite gelegt haben, spricht das sehr dafür, dass Sie eine große Sehnsucht haben, die Wahrheit über Ihr Leben und Ihre persönlichen Reaktionen zu erfahren. Es ist mein Wunsch, dass Sie Menschen finden, die Sie auf Ihrem Weg begleiten. Menschen, die Sie annehmen und lieb haben und gleichzeitig nicht locker lassen, Sie dazu zu ermutigen, den Weg der Veränderung und Befreiung zu finden. Jesus selbst steht auf Ihrer Seite. Er weiß, dass zwischen dem „die

Wahrheit erkennen" und dem „die Wahrheit wird euch frei machen" ein tiefes Tal liegen kann, das Sie in eine vertiefte und vielleicht auch schmerzhafte Selbsterkenntnis führen wird. Und doch ist er immer an Ihrer Seite und möchte sich Ihnen offenbaren als der liebende und helfende Herr, der heilen und trösten kann.

KAPITEL 4

BEFREIENDE VERÄNDERUNG

Eine Einladung zur heilsamen Trauer • Welchen Verlust
hat man erlitten? • Gott begleitet uns in unserer Trauer •
Die Unfähigkeit zur Trauer • Die Trauerarbeit • Die Phasen
der Trauer • Gottes heilende Gegenwart • Strukturierung der
Vergangenheit • Anerkennung der Realität • Entscheidung zum
Leben • Ausdruck von inakzeptablen Gefühlen und Wünschen •
Bewertung des Verlustes • Ziel der Trauerarbeit

Heilsame Trauer

Übrigens hat Gott in dieses schöpferische Kunstwerk
auch die Möglichkeit des Traurigseins eingebaut. Auch
diese Seite kannst du annehmen. Kein Mensch kann
ununterbrochen fröhlich sein.
Leider gaukelt die Werbung uns so etwas vor.
Aber es ist lebensnotwendig (im wahrsten Sinne des Wortes),
dass du traurige und schmerzhafte Gefühle nicht verdrängst,
sondern dich auch da als Gottes Schöpfung annimmst.
Peter Strauch

Sein Unglück ausatmen können
tief ausatmen
sodass man wieder einatmen kann
Und vielleicht auch
sein Unglück sagen können

in Worten
in wirklichen Worten
die zusammenhängen
und Sinn haben
und die man selbst noch verstehen kann
und die vielleicht sogar irgendwer sonst versteht
oder verstehen könnte

und weinen können

Das wäre schon fast wieder Glück
Erich Fried

Eine Einladung zur heilsamen Trauer

Trauer kann tatsächlich heilsam sein. Eine Trauer, die Sie schon immer in Ihrem Herzen getragen haben, darf zum Vorschein kommen. Bisher zeigte sich vielleicht gar nicht die Gelegenheit dazu – weil Sie gar nicht wussten, dass es Grund gab, traurig zu sein. Und so wussten Sie nicht, dass Sie zu Recht traurig sind: traurig über die Verletzungen, die Sie erlebt haben, und traurig über die Folgen, die das Leben heute prägen.

Es bedarf Mut, den Verletzungen und den prägenden Folgen ehrlich ins Auge zu blicken. Das ist nicht immer leicht. Aber je mehr Sie sich selbst ernst nehmen und annehmen, desto mehr wird es Ihnen möglich werden, in eine heilsame Trauer hineinzufinden. Eine solche Trauer kommt in Wellen, kann tief und heftig empfunden werden, aber auch mehr unterschwellig den Alltag durchziehen. Die Trauer kommt und geht; sie wird Ihnen aber immer helfen, Ihre Verletzungen zu verschmerzen, und Sie ermutigen, immer mehr zu sich selbst zu stehen, damit Sie sich aufrichten und entfalten können. Eine solche Trauer hat in manchen Zügen Ähnlichkeit mit einer Trauer über den Verlust eines lieben Menschen.

Die innere Not, die sich in der Trauer ausdrückt, bringt viele negative Gefühle zum Vorschein. Einige Stimmen dazu:

> „Negative Gefühle, die mich teilweise bis heute begleiten, sind Trauer, Wut, das Gefühl des Ausgeliefertseins, der Heimatlosigkeit, der Eifersucht und des ‚zu kurz gekommen seins‘ und als Folge: Resignation und Selbstmitleid.“
> Silvia

> „Mein Grundgefühl waren lange Scham und Verachtung. Ich habe mich geschämt, dass andere mich ertragen müssen, hatte das Gefühl, anderen eine Last zu sein, das Gefühl der Bedeutungslosigkeit und Wertlosigkeit.“
> Jutta

Welchen Verlust hat man erlitten?

Diese Frage lässt sich nicht immer auf Anhieb beantworten. „Ich empfand unsere Familie als ganz normal, ich kannte es nicht anders.“ So berichten es mir viele in der Seelsorge. Man hat kein richtiges Bewusstsein darüber, was einen verletzt hat und welchen Verlust man nun betrauern soll. Man spürt erst viel später, dass manches nicht gestimmt hat, aber das eigentliche Geschehen ist oftmals tief in unserem Inneren verborgen.

Und doch gibt es diese Verluste, die Zeit brauchen, um unser Bewusstsein zu erreichen, damit wir sie wahrnehmen und betrauern können.

Verlust der Würde und Achtung

In der Familie wurden Grenzen überschritten. Meine Meinung war nicht gefragt und meine persönliche Sphäre wurde nicht respektiert. Vielleicht ging die Grenzüberschreitung sogar sehr tief: Es gab sexuelle Übergriffe und/oder körperliche Misshandlung. Oder in der Familie wurde genau vorgeschrieben, wie ich zu sein habe. Und etwas anderes wurde nicht akzeptiert oder sogar mit Repressalien quittiert.

Verlust der Akzeptanz und Bedeutung

Die Eltern haben mich abgelehnt, mich gleichgültig behandelt oder ein Elternteil brachte seinen Hass sogar deutlich zum Ausdruck. „Du bist schuld daran, dass mein Leben so gelaufen ist" oder Ähnliches mussten wir uns immer wieder anhören. Oder ich war nur „wichtig", um zu Hause im Geschäft der Eltern mitzuhelfen oder im landwirtschaftlichen Betrieb, und das wurde offen oder unterschwellig eingefordert. Oder die Eltern hatten keine Zeit für mich, weil sie von ihrem Beruf so in Beschlag genommen waren.

Verlust der Identität und Beziehungsfähigkeit

Aus unterschiedlichen Gründen bekam ich im Elternhaus nicht die Möglichkeit, die eigene Persönlichkeit zu entdecken, sie zu leben und zu meiner ureigenen Bestimmung zu finden. Ich hatte zu funktionieren, sollte Leistung bringen. Die Mutter war vielleicht selbst distanziert und beziehungslos, weil ihre eigenen Verletzungen sie geprägt haben. Oder sie war sehr vereinnahmend und hat einem selbst keinen Raum gelassen. Der Vater war vielleicht nur körperlich anwesend, konnte mir aber nicht die Fürsorge und den Schutz gewähren, den ich gebraucht hätte. Oder die Eltern waren sehr bestimmend; eine eigene Meinung zu entwickeln oder sie gar zu vertreten, ließen sie nicht zu.

> „Lange Zeit kannte ich nur Selbstmitleid, Deprimiertheit, Verzweiflung, und habe sie vielleicht manchmal mit Trauer verwechselt. Erst nachdem ein großer Teil meiner Abwehr abgetragen war, bekam die Trauer Raum. Ich vermute sie fühlt sich wirklich ähnlich an, wie wenn jemand einen lieben Menschen verloren hat oder einen anderen großen Verlust hatte, auch wenn mein Verlust ja nicht an einem konkreten Ereignis festzumachen ist.
> Allerdings war es schwer, die Trennung zwischen Emotionen und Verstand zu überwinden. In meinem Herzen trauerte ich, und in meinem Kopf wusste ich, dass es auch Grund dafür gab (nämlich Verluste). Erst

jetzt fängt es an, dass ich die Gefühle der Traurigkeit in einen direkten Bezug zu Mangel und Verlusten setzen kann."
Magdalene

Im Anhang finden Sie eine Gegenüberstellung von heilsamen und verletzenden Erfahrungen, die Sie in der Familie erleben können. Sie kann helfen, dem eigenen inneren Verlust auf die Spur zu kommen.

Gott begleitet uns in unserer Trauer

Gott möchte Sie trösten. Er kennt Ihren Verlust und weiß, was Sie erlebt haben. Er kennt Ihre Not und er bietet Ihnen Hoffnung an. Jesus Christus kennt unsere Gefühle aus eigener Erfahrung, und zwar in tiefster Form. Diese Erfahrung findet ihren Ausdruck in dem schmerzlichen Ausruf am Kreuz „Mein Gott, mein Gott, warum hast du mich verlassen?" Auf Jesus nämlich legte Gott alle Schuld – und alles Leid, das aus dieser Schuld resultiert. Und dann musste er sich von seinem Sohn trennen. Jesus erlebte das, was wir nie erleben mussten: eine tiefe Gottverlassenheit.

Er ist aber nicht nur der Schmerzensmann; sein letzter Ausruf am Kreuz war: „Es ist vollbracht!" Er starb und nahm alles mit in den Tod. Er ist auferstanden und gibt uns die Hoffnung, dass wir nicht in der Trauer hängen bleiben oder gar verzweifeln müssen, sondern den Verlust aushalten und im wahrsten Sinne des Wortes „verschmerzen" können. Aber nicht nur das. Er begleitet uns auf unserem Weg. Und wir können erfahren, dass die spitzen und harten Stolpersteine unseres Lebens dazu dienen können, dass wir zu einer gereiften Persönlichkeit werden, die tief in Gott gegründet ist.

Die Unfähigkeit zur Trauer

Trauer ist heilsam. Aber auf dem Weg der Trauer gibt es auch Hindernisse. In der Seelsorge beobachte ich immer wieder, dass es eine geraume Zeit dauert, bis man zu einer heilsamen Trauer finden kann. Ich hatte schon erwähnt, dass man zunächst gar nicht weiß, dass man einen Verlust erlitten hat. Im Laufe der Zeit kann der Verstand Verletzungen benennen, aber die Gefühle dazu wollen sich nicht einstellen. Man hat dann vielleicht manche Erfahrungen vom Elternhaus im Gedächtnis, aber kann sie nicht spüren. Man weißt nur, dass sie einem etwas ausgemacht haben. Es fehlt der innere Bezug zu diesem Verlust und der Trauer. Es scheint eine Glaswand zu stehen zwischen den Erfahrungen von früher und dem heutigen Bewusstsein darüber.

Wie leicht gibt man sich dann wieder die Schuld und verurteilt sich. Oder man denkt: „Vielleicht bin ich doch selbst an allem schuld". Man fühlt sich als Versager, und das innere Grundgefühl ist das einer ständig nagenden Minderwertigkeit.

Oder man schlägt um sich, macht andere für die Not verantwortlich. Ohne es zu bemerken überträgt man seine innere Not auf Menschen, die einen an diejenigen erinnern, die mit den alten Verletzungen zu tun haben.

Groll und Bitterkeit können unbemerkt den Zugang zur tiefen Trauer hemmen. Man ist neidisch auf die, die es in unseren Augen geschafft haben. Und man fühlt sich dem Leben ausgeliefert.

Zweifel am eigenen „richtigen Christsein" lassen einen leicht resignieren. Die innere Haltung schwankt zwischen Resignation und erneuter Anstrengung hin und her. Man sucht den Weg der heilsamen Trauer zu finden und bemerkt nicht, dass man ihr im Tiefsten entfliehen möchte.

Vielleicht entdecken Sie diese Unfähigkeit in Ihrem Leben, vielleicht spüren Sie die innere Zerrissenheit. Lassen Sie sich nicht entmutigen! Bleiben Sie weiterhin vor Gott stehen. Bitten Sie andere darum, für Sie zu beten. Lesen Sie die bisherigen Kapitel des Buches noch einmal durch und lassen Sie sich nicht von dem eingeschlagenen

Weg abbringen. Werden Sie barmherzig und geduldig mit sich selbst – Gott ist es auch. Er möchte Ihnen über die schmerzhaften Zusammenhänge die Augen öffnen, um Ihnen zu einer heilsamen Trauer zu verhelfen.

„Ich kenne eine innere Trauer, doch es hat lange gedauert, bis ich einen Bezug zu ihr bekommen habe. Anfangs war ich einfach oft niedergeschlagen, ohne zu wissen weshalb.
Nach und nach habe ich gesehen, dass ich ein ‚inneres Kind‘ in mir trage, das einen realen Verlust erlitten hat, den es ernst zu nehmen und zu betrauern gilt. Das war oft mit starken Gefühlen verbunden. Ich habe viel geweint. Dieser Prozess verlief in Wellen. Je mehr meine erwachsene Persönlichkeit gereift ist, desto mehr konnte ich mich mit der Trauer, dem Verlust und dem Schmerz auseinandersetzen.“
Daniela

Die Trauerarbeit

Es ist in der Tat eine richtige „Arbeit“. Sie ist anstrengend und doch äußerst lohnenswert. Diese Arbeit bringt mich weiter. Sie schafft Hoffnung auf Veränderung und bringt Licht in meine vielen Fragen hinein.

Gehen Sie die Phasen der Trauerarbeit durch und überlegen Sie, wo Sie sich persönlich angesprochen fühlen. Fragen Sie Menschen, denen Sie vertrauen, oder suchen Sie sich dazu einen Seelsorger oder einen Therapeuten, der bereit ist, Sie auf diesem Weg der Trauer zu begleiten.

In meinem eigenen Leben entdeckte ich die schmerzhaften Verlusterfahrungen erst in späteren Jahren. Ich spürte, dass in meinem Inneren ein großer See von ungeweinten Tränen liegt, der nie den Weg nach draußen gefunden hat. Mir wurde klar, dass ich in meiner Kindheit geprägt wurde, für meine Eltern da zu sein. Meine Persönlichkeit wurde nicht so angenommen, wie sie war, und ich musste so sein, wie es den Vorstellungen meiner Eltern entsprach. Mein Vater war nicht in der Lage, mir ein Gegenüber zu sein. Meine Mutter –

selbst eine verletzte Frau – konnte mich nicht meinen Weg gehen lassen. Es ist nie etwas „Schlimmes" passiert, aber die Erfahrungen der Ablehnung meiner Person, der Gleichgültigkeit und der Verlassenheit haben ausgereicht, um mich um das zu bringen, was ich dringend gebraucht hätte: Liebe, Geborgenheit, Annahme und den Mut, das Leben mit seinen Herausforderungen ergreifen zu können. So trennte sich ein Teil meiner Persönlichkeit von mir und blieb der Trauer verhaftet mit all dem kindlichen Schmerz, der damit verbunden war.

Meine Trauer ging über viele Etappen. Mitten hinein schenkte mir Gott eine Erfahrung der „Auferstehung" besonderer Art, und zwar direkt an einem Ostersonntag. Der Zuspruch „Du darfst leben" hat mir die Tür zu diesem Bereich geöffnet. Es ist mir unvergesslich, wie Gott mir zeigte, dass mit Jesu Auferstehung auch die Gefängnismauern für diesen abgetrennten Bereich geöffnet wurden. Danach wurde ich mir meines Verlustes immer wieder bewusst, und es konnten viele Tränen der Erleichterung fließen. Auch in dieser Zeit war es mir eine sehr große Hilfe, mit Freunden darüber zu sprechen, mit ihnen zu beten und von ihnen mitgetragen zu werden. So konnte ich die inneren Schmerzen aushalten, die in mir aufbrachen. Das kam dann immer wieder in Wellen auf mich zu, und ich lernte, sie willkommen zu heißen und nicht mehr zu verdrängen. In dieser Zeit entstand auch das Gedicht „Tauwetter". Ich spürte die Sonne der Liebe Gottes und gleichzeitig den inneren Schmerz. Der Vergleich, dass in mir eine harte Eisschicht durch die Sonne der Liebe Gottes zum Schmelzen kam, stand wie ein heilsames Bild vor meinen Augen. Es war keine leichte Zeit, aber im Nachhinein ein wichtiger Meilenstein für meine weitere Entfaltung und Heilung.

W. Hugh Missildine ermutigt in seinem wertvollen Buch „In dir lebt das Kind, das du warst":

> „Wenn es möglich ist, die Gefühle der Wut, der Verzweiflung und der Sehnsucht, die Teil einer Trauerarbeit sind und seit Kindheit aufgestaut worden sind, einem geliebten und vertrauten Menschen gegenüber voll

zu äußern, kann häufig die ganze Persönlichkeit ein neues Gleichgewicht gewinnen und in Bereichen funktionsfähig werden, die bis dahin abgespalten waren."

Die Phasen der Trauer

Die erste Phase in der Trauerarbeit ist der Schock

Bei Verletzungen, die weit zurückgehen in meine Kindheit, wird dieser Schock zwar aufgenommen, aber nicht als solcher wahrgenommen, und sinkt ins Vergessen hinab. Nun kann Gott mir durch seine Liebe den Schock bzw. die vielen Schocks wieder in Erinnerung rufen.

Mir wird mit einem Mal bewusst: „Es ist tatsächlich so, dass meine Mutter mich alleingelassen hat." „Ich bin als Kind sexuell missbraucht worden." „In unserer Familie gab es keine echte Beziehung und Anteilnahme." „Ich musste so sein, wie meine Eltern es wollten. Eine eigene Persönlichkeit konnte ich mir nicht erlauben." ...

Ich darf mir diese Erkenntnisse, die mit sehr großen inneren Schmerzen verbunden sein können, zugestehen.

Eine liebevolle Begleitung ist auch hier notwendig, damit ich berichten kann, was in mir vorgeht, ohne gleich gesagt zu bekommen, was ich jetzt zu tun habe. Wie in einer normalen Trauerarbeit sind auch hier viele Worte fehl am Platz.

> „Ich habe geweint, habe den inneren Schmerz einfach ausgehalten, der manchmal so stark war, dass ich bewegungslos wurde. Ich habe den Schmerz angesehen und benannt. Ich habe meine Wut, meinen Zorn, mein Leid in Worte gepackt und ausgedrückt, gesprochen und geschrieben, und habe geschrien. Manchmal habe ich in Worten anderer wiedergefunden, was ich selber nicht so gut hätte sagen können. Ich habe Gott hereingebeten in den Schmerz und ihm all das gesagt, was mich traurig macht. Ich habe mir selber Zeit gelassen, traurig zu sein."
> Maria

Die Erleichterung stellt sich noch nicht ein, wenn mir bewusst wird, was ich erlebt habe, sondern erst später. Ich empfinde zunächst alles als sehr trostlos und weiß nicht, was ich tun soll.

Meine Reaktion in der Vergangenheit bestand vielleicht darin, sehr viel zu weinen; es war wie ein Ventil. Oder ich habe gar nicht mehr geweint, weil es sowieso keiner gehört hat.

Das ständige Weinen hat mich aufgeregt, mich an mir selbst gestört oder mich auch in Selbstmitleid gestürzt. Oder weine ich gar keine Tränen (mehr)? Das kann bedeuten, dass ich innerlich hart geworden bin oder aus der Ohnmacht heraus, sowieso kein Gehör zu finden, mich dagegen gewappnet habe. Ich hatte vielleicht Angst, Schwachheit zuzugeben, denn das könnte ja eine neue Verletzung nach sich ziehen.

Aber nun können Tränen der Erleichterung fließen, weil mir plötzlich klar wird, was mich die ganzen Jahre so gequält hat. Gleichzeitig können die unterschiedlichsten Gefühle und Gedanken kommen: Gefühle von Wut, Zorn, Bitterkeit, Trauer. Gedanken wie „Das halte ich nicht aus", „Warum haben meine Eltern so reagiert?", „Ja, es war so, nun verstehe ich mich besser"…

Die zweite Phase zeichnet sich durch Kontrolle aus

In der normalen Trauerarbeit entsteht in dieser Phase als Schutz eine Distanz zwischen sich selbst und der Wirklichkeit. Überträgt man dies auf die Trauer über frühere Verletzungen, so hat sich unbewusst eine Art Lebensprinzip entwickelt: Man hat sich selbst im Griff und lebt eine starke Selbstkontrolle. Man hat in bestimmten Situationen das Empfinden, neben sich zu stehen, als ob man sich selbst zuschauen würde, aber nicht zur eigentlichen Wirklichkeit der eigenen Gedanken und Gefühle vordringen kann. Man spürt, dass man sich nicht fallen lassen kann. Diese ausgeprägte Selbstkontrolle spürt man. Man findet aber keine Möglichkeit, diese nun wieder aufzugeben.

In Beziehungen bleibt man innerlich distanziert oder entwickelt eine Abhängigkeit zu Menschen, die zu weiteren Verletzungen führen kann. Man spürt eine Angst, nicht verstanden und abgelehnt zu werden. Eine kühle Sachlichkeit auf der einen Seite oder ein zu großes Eingehen auf den anderen prägen das Verhalten. Hinter diesem Verhalten verbirgt sich eine Persönlichkeit, die sich nach Liebe und Wertschätzung sehnt.

In der Begleitung solcher Menschen habe ich die Erfahrung gemacht, dass sie in mir den Wunsch wecken, sie zu beschützen oder zu sehr auf sie einzugehen. Dem gilt es zu widerstehen und stattdessen die Geduld zu haben, dass der andere seinen Weg selbst findet. Und ich versuche ihn zu ermutigen, sich hinter seinen Schutzmauern hervorzuwagen. Es wäre nicht gut, dem Menschen etwas abzunehmen. Das würde nur eine weitere Entwürdigung bedeuten. Aber man kann ihn unterstützen und begleiten, bis er seinen Weg findet. Trifft man auf Widerstand, reagiert der andere vielleicht abwehrend, sachlich, redet sehr viel, um sich zu schützen. Ein begleitender Mensch kann lernen, den anderen in Liebe zu tragen und braucht sich nicht abschrecken zu lassen.

Aus meiner eigenen Erfahrung weiß ich, dass es Zeit brauchte, bis ich eine richtige Ausdrucksweise für meine Gefühle und Gedanken fand. Und es war für mich eine große Hilfe, wenn andere mich auf dem Weg begleitet haben.

Die dritte Phase ist die Zeit des Rückzugs

Diese Phase kann einen dazu verleiten, den Pfad der Verweigerung zu betreten. Man weigert sich, die Folgen der Verletzungen näher anzuschauen und blendet sie aus.

In dieser Phase befindet man sich meistens, bevor man sich auf den Weg macht, eine Verarbeitung und Heilung zu suchen. Man hat sich damit abgefunden und lebt im erlernten Rückzug. Man begegnet all den Hindernissen und Prägungen, von denen in den vorigen Kapiteln die Rede war. Man weicht unbemerkt der Begegnung mit bestimmten Herausforderungen aus, von denen man im Inneren spürt, dass man ihnen nicht gewachsen ist.

Um sich selbst in dieser Phase etwas zu verstehen, schauen wir uns die unterschiedlichen Verhaltensweisen, Gefühle und Gedanken näher an, die man erleben kann:

Isolation
Man hat zwar keinen Menschen durch Tod verloren, aber es fehlen wichtige Bausteine im Fundament der Persönlichkeitsentwicklung. Das bedeutet, ein wesentlicher Teil meiner Daseinswelt konnte sich nur teilweise entwickeln: das Bewusstsein meiner ureigenen Identität. Und damit fehlt der Mut, das Leben zu gestalten. Man fühlt sich – wenn man diese Gefühle wahrnimmt – in sich selbst isoliert und gefangen.

Feindseligkeit
Unangemessene Gefühle können auftauchen. Zorn gegen alle und jeden, einschließlich Gott. Da gibt es die vielfältigsten Erscheinungsformen. Überzogene hysterische, aber auch resignierte Gefühle können mich bestimmen. Sie tauchen auf und verschwinden wieder – manchmal ohne einen Bezug zur Realität zu haben.

Schuldgefühle
Hier findet man die endlosen Gedankenkreisläufe, das Nachdenken und Grübeln, die Selbstvorwürfe und die Frage: Wer ist eigentlich schuld an dem Ganzen? Und die Antwort lautet oftmals stereotyp: ich selbst. Ich selbst bin an allem schuld. „Wenn ich da und da anders reagiert hätte, dann wäre mein Leben sicher besser gelaufen."

Kurzschlussdenken
Das kann sich sehr hartnäckig halten, zumal ja auch ein Stück Wahrheit darin verborgen liegt. Folgende Gedanken können mich fortgesetzt quälen und überfallen:

„Ich müsste nur meinen Eltern vergeben, ich habe ihnen wohl nicht vergeben, sonst hätte ich das Problem nicht."

„Ich will, aber wenn ich mich so betrachte, will ich offensichtlich doch nicht."

„Ich müsste nur mehr in der Bibel lesen, dann wäre ich nicht so ein Versager oder würde mich nicht so verlassen fühlen. Jesus ist doch immer da. Warum glaube ich das nicht?"

Übergeneralisierung

Eine Neigung, vieles zu verallgemeinern, zeichnet diese Phase aus: „Alle Männer/Frauen sind furchtbar", „Sexualität ist schlecht", „Das werde ich nie schaffen". „Autoritätspersonen machen mir Angst", „Starke Frauen sind unangenehm/bedrohlich". Menschen, die einem mit Liebe und Verständnis begegnen, werden glorifiziert. Fühle ich mich unverstanden, wird der andere völlig abgelehnt und gemieden. Es gibt einen Mangel an differenziertem Denken und dem Unterscheiden zwischen der Reaktion des anderen, seiner Stellung und dem Menschen selbst.

Selbstwertminderung

Nach dem Tod eines geliebten Menschen erleben wir in der Trauer eine Wertminderung. Wir fühlen uns durch den Verlust gedemütigt und beraubt. Ähnlich kann sich das bei mangelnder Persönlichkeitsreifung auswirken. Die fortgesetzte Abwesenheit von Liebe, Achtung und Respekt der persönlichen Würde erzeugen ähnliche Gefühle. Man fühlt sich betrogen und beraubt.

Rastlose Aktivität

Es fällt auf, dass mancher keine innere Ruhe und Sicherheit findet, in der er sich wohl fühlt. Er versucht den Verlust auszugleichen durch rastlose Aktivität. Der Terminkalender ist voll, das Engagement übersteigt rasch die eigene Kraft.

Apathische Resignation

Man fühlt sich gelähmt, spürt eine innere Resignation. Kann sich nicht aufraffen, unangenehme Dinge zu tun, und schiebt sie vor sich her. Die Gedanken und Gefühle kehren immer wieder zu dem resignierten „Ich will das nicht, ich kann das nicht" zurück.

Und so schwankt man in der Trauerarbeit zwischen Schock, Kontrolle und Rückzug hin und her. Dazwischen kommt es zu einem verzweifelten Aufbegehren. Sieht man aber keinen Weg, läuft man Gefahr, in die Resignation zurückzusinken.

Auch hier möchte ich Sie ermutigen, nicht aufzugeben. Geben Sie sich den Raum und die Zeit, sich auszudrücken. Stehen Sie zu sich selbst und versuchen Sie, auch Verständnis für Ihre feindseligen Reaktionen aufzubringen. Schuldgefühle können Sie sich nicht ausreden, aber lernen Sie zu vertrauen, dass Sie die Wahrheit über sich selbst entdecken und zu einem weiteren Wachstum in die Heilung hinein finden können.

Die vierte Phase ist Aussöhnung und Trost

Diese Phase wurde in der Vergangenheit nie wirklich erreicht. Man wusste ja nicht, dass man in einer Trauerarbeit ist und vielleicht darin stecken geblieben ist.

Versuchen Sie nun anhand der folgenden Fragen, Ihre Situation näher zu betrachten, um einen Weg zum Trost und zur Aussöhnung zu finden:

In welchen Bereichen könnte ich noch unter Schock stehen?
- Fallen mir Ereignisse oder Verletzungen ein, die mir bis heute etwas ausmachen?
- Empfinde ich in meinen Gedanken und Gefühlen eine Betäubung oder ein Gefühl des Gelähmtseins? In welchen Situationen fällt mir das auf?
- Wo entdecke ich ein Kontrollverhalten in meinem Leben?
- Bei welchen gegenwärtigen Situationen springt eine besonders starke Selbstkontrolle an?
- In welchen Situationen merke ich besonders, dass ich mich nicht fallen lassen kann?
- Was möchte ich in jedem Fall vermeiden?

Welche kindlichen Reaktionen entdecke ich in meinen Beziehungen, im Alltag, im Beruf?

- Wann reagiere ich mit Rückzug?
- In welchen Situationen neige ich zum Klagen und zur negativen Sicht, zu Resignation und Bitterkeit?
- Gibt es bestimmte Aufgaben und Situationen, denen ich ausweiche?
- Wo merke ich, dass ich mich überfordert fühle und davor flüchte?
- Spüre ich manchmal Angst oder Wut, die mir unangemessen erscheinen?
- Prägt mich die Vorstellung, andere müssten jetzt was tun, damit es mir besser geht?

Gottes heilende Gegenwart

Alle Erkenntnisse, Ängste und alles Verletzende können Sie vor Gott ausbreiten und ihn um Hilfe bitten. Er möchte Ihnen den Weg zeigen zu seinem Trost und zu Schritten der Veränderung und Heilung. In seiner Gegenwart dürfen Sie trauern und Ihrem Schmerz Ausdruck verleihen. Seine Liebe fängt Sie auf und hilft Ihnen, Ihrer Vergangenheit ins Auge zu sehen, und Gott gibt Ihnen Kraft, nicht mehr vor ihr davonlaufen zu müssen.

Henri Nouwen hat dies erfahren:

> „Du empfindest eine seltsame Traurigkeit. Eine große Einsamkeit stellt sich ein, doch du erschrickst nicht. Du fühlst dich verwundbar und sicher zugleich. Jesus ist da, wo du bist, und du vertraust darauf, dass er dir den nächsten Schritt zeigen wird."

Strukturierung der Vergangenheit

Eine Hilfe kann es sein, die unterschiedlichen Erfahrungen des Verlustes in verschiedene Problemkreise einzuteilen, um sie mit Gottes Hilfe anzugehen: Erlebnisse und Gefühle mit dem Vater und der Mutter. Gab es ein Familiengeheimnis? Was war das Motto in der Familie? Was fällt einem ein, wenn man an die Geschwister, Tanten und Großeltern denkt? Gab es schlimme Erfahrungen wie z. B. die Scheidung der Eltern oder den Tod eines nahe stehenden Menschen? Wann habe ich mich verlassen gefühlt? Welche Grenzüberschreitungen haben mein Leben seither geprägt?

Man kann die Vergangenheit im Blick auf verschiedene Beziehungen betrachten, die das Leben geprägt haben: Welche Verletzungen habe ich erlebt, und wie hat sich das auf mich ausgewirkt? Welche Gedanken und Gefühle prägen mich in der Beziehung zu mir selbst und wie habe ich auf all die Erfahrungen reagiert? Der Geist Gottes möchte uns in diesem Prozess behutsam leiten. Es braucht Übung und Geduld, sein Leiten zu hören und wahrzunehmen.

Dafür brauche ich besonders die Hilfe von anderen Menschen. Man wird sonst von den Erinnerungen heimgesucht und fühlt sich hilflos. Im Gespräch mit dem Seelsorger kann deutlich werden, welche Bereiche „dran" sind, betrachtet zu werden.

Anerkennung der Realität

Auf dem Weg des Betrauerns und des Trostes lernt man mehr und mehr, die Realität anzuerkennen. Man kann eingestehen: „Ja, ich bin verletzt worden." „Ja, ich habe einen Verlust erlitten."

Es wird einige Zeit in Anspruch nehmen, bis die Realität tief in unserem Herzen Fuß fassen kann. Und es wird die Einsicht wachsen, wie ich den Schmerz aushalten lernen kann, um in einen Vergebungsprozess zu kommen, der mir hilft, loszulassen und neue Schritte zu wagen.

Entscheidung zum Leben

Auf dem Weg der Trauer wird die Frage entstehen: Möchte ich mich ganz neu zu einem Ja zum Leben, zu dem Leben, wie es war und wie es ist, durchringen? Und man entdeckt innere Widerstände, die man bis dahin noch gar nicht wahrgenommen hatte.

Die Entscheidung zu einem solchen Ja kann ermutigen, nun konkrete Schritte der Heilung und Veränderung anzustreben. Man ist sich bewusst, dass es nicht leicht sein wird. Aber man bekommt die Hoffnung, dass es möglich wird – durch die Hilfe und Kraft Gottes. Durch die Begleitung von Menschen.

Ausdruck von inakzeptablen Gefühlen und Wünschen

Diese Entscheidung zu einem Ja zum Leben wird aber auch Raum schaffen, um die eigenen Gefühle zu spüren, die bisher möglichst unterdrückt und sich selbst nicht zugestanden wurden: Wut, Hass, Selbsthass, peinliche Gedanken, aber auch Stolz und Verachtung. Ein Mensch auf dem Weg wird seiner großen Sehnsucht begegnen, geliebt und angenommen zu werden, dem Wunsch, geachtet und akzeptiert zu werden, und er wird sich manchmal sogar für diese Wünsche schämen oder meinen, dass sie egoistisch sind.

Aber das stimmt nicht. Wir müssen uns nicht schämen für unsere Bedürfnisse und Wünsche, unsere Gefühle und Gedanken. Auch wenn sie uns unangemessen erscheinen, brauchen sie den Raum in uns, damit wir sie identifizieren und annehmen können. Das schafft die Voraussetzung, um zur echten Trauer zu kommen über den erlebten Verlust und die Folgen des Verlustes. Es macht den Weg frei, um tiefen Trost zu erfahren und diese Erfahrungen zu verschmerzen.

Bewertung des Verlustes

Eine solche Bewertung ist Teil eines Trauerprozesses und braucht
Zeit. Es erscheint lange Zeit nicht vorstellbar, dass unsere Erfahrungen einen Sinn haben könnten. Das tiefere Bewusstsein über unseren
Verlust wird uns eher die traurigen Konsequenzen vor Augen führen,
die in unserem Leben gewachsen sind. Verhaltensweisen, für die wir
uns schämen, die uns blockieren, unfrei machen und einengen.

Und doch: Im Laufe der Heilung und Veränderung wird sich auch
die Bewertung wandeln. Mir persönlich sind die „Wüstenverse" – so
habe ich sie genannt – kostbar geworden. Dienten sie im Verän-
derungsprozess der Ermutigung, so brachten sie mich Jahre später
zum Staunen, wie Gott mich geführt hat. Die „Wüstenverse" finden
Sie in Jes. 35,1-2.5-7; Jes. 41,18-20; Jes. 51,3.

Ziel der Trauerarbeit

Das Ziel ist, einen tiefen und echten Trost zu finden über allen
schmerzhaften Verlusterfahrungen. Dass man sie in seine Biografie
integrieren kann. Man hat sich mit diesen Erfahrungen ausgesöhnt
und betrachtet sie als Teil seines Lebens und hat zum inneren Frieden
gefunden. Auf dem Weg werden Sie viele Reifeschritte erleben und in
der Erkenntnis Gottes wachsen. Eine tiefe Liebe zu diesem Gott
wird in Ihrem Herzen aufblühen und Früchte tragen.

Durch meine eigene Trauerarbeit wuchs in meinem Leben der
Wunsch, mein Leben und meine ganze Persönlichkeit freiwillig und
gerne Jesus zu geben. Je mehr ich zu meinem Leben und meiner Bestimmung fand, wollte ich es zu Gottes Ehre einsetzen. Die Bedeu-
tung des Wortes aus Lukas 9, 24 erlebte ich als Befreiung: „Wer sein
(altes) Leben um jeden Preis erhalten will, der wird es verlieren. Wer
aber sein Leben für mich einsetzt, der wird es für immer gewinnen."

„Christus in uns, die Hoffnung der Herrlichkeit" (Kol. 1,27 LÜ),
schaffte in mir die Voraussetzung, anderen nun so zu begegnen, wie

ich es selbst nicht erlebt, aber mir immer gewünscht hatte. Und das immer tiefer zu lernen, wurde ein ständiger Antrieb.

Es wächst die Fähigkeit, sich an andere und an Gott zu verschenken. Man muss das eigene Leben nicht mehr krampfhaft festhalten, weil man weiß, wer man ist und zu welchem Ziel das Leben führt.

Verantwortlicher Umgang mit dem eigenen Leben und dem Leben anderer wird unser Wesen mehr und mehr prägen. Wir werden lernen, uns selbst abzugrenzen, um unser Leben gestalten zu können, ohne den anderen auszugrenzen. Wertschätzung und Achtung bringen wir anderen trotz oder gerade wegen ihrer Andersartigkeit entgegen. Die Unterschiedlichkeit der Menschen wird uns Freude machen und wir können sie genießen.

Wir werden Heimat finden in uns selbst und uns zu Hause fühlen. Das Sein wird wichtiger werden als Aktion und Engagement. Unser Leben hat eine Mitte gefunden.

Ein Traumbild? Ganz und gar nicht. Aber es gibt manche Schritte auf dem Weg der Heilung, die nun im nächsten Kapitel aufgegriffen werden. Und doch werden Sie die Gedanken aus den letzten beiden Kapiteln über „Hindernisse auf dem Weg" und „heilsame Trauer" begleiten. Lassen Sie sich nicht davon abhalten weiterzugehen, auch wenn es einmal einige Zeit in Anspruch nimmt und die Hindernisse und die Trauer wieder in Ihnen aufbrechen. Gott hat sehr viel Trost und Hilfe für Sie bereit.

Wie lange die Sonne braucht?

Sie braucht umso kürzer
je besser ich es aushalte.
Doch der Schatten –
er lockt.
Er lockt –
wenn es nur noch brennt.
Doch ich will
aushalten
und vertrauen,
dass ich nicht verbrenne,
sondern
nur das Eis
in mir
an mir.

Wie lange die Sonne braucht?

Und wenn ich die Hitze aushalte,
ich kann es doch nicht wissen.
Denn wie warm können meine Tränen werden?
Ich habe es nicht erfahren.
Ich will warten
aushalten
und warten.

Wie lange die Sonne braucht?

Vertrau
meine Seele
halt still
meine Seele.
Vertrau
…
Halt still
…
Gott weiß es.

KAPITEL 5

BEFREIENDE VERÄNDERUNG DURCH PERSÖNLICHKEITSENTFALTUNG

Entfaltung durch Gottes umfassendes Heilsangebot • Entfaltung durch Versöhnung • Entfaltung durch Nachreifung • Entfaltung durch Beziehung • Entfaltung durch Gottesbegegnung • Entfaltung durch Humor • Entfaltung durch Heilung

„Mir kamen heute beim Malen die Gedanken her und hin,
und ich will sie aufschreiben für meine Lieben.
Ich weiß, ich werde nicht sehr lange leben.
Aber ist das denn traurig?
Ist ein Fest schöner, weil es länger ist?
Und mein Leben ist ein Fest, ein kurzes, intensives Fest.
Meine Sinneswahrnehmungen werden feiner,
als ob ich in den wenigen Jahren, die mir geboten sein werden,
alles, alles noch aufnehmen sollte.
Mein Geruchssinn ist augenblicklich erstaunlich fein.
Fast jeder Atemzug bringt mir neue Wahrnehmungen
von Linden, reifem Korn und Heu.
Und ich sauge alles in mich auf ..."
Paula Modersohn-Becker

Entfaltung durch Gottes umfassendes Heilsangebot

Den weiten Raum erkennen

„Gott führte mich hinaus ins Weite, er riss mich heraus; denn er hatte Lust zu mir." (Ps. 18,20 LÜ)

So schreibt David, nachdem ihn Gott aus der Verfolgung durch Saul errettet hatte. Und in Psalm 31,9 ruft er noch einmal aus: „Du stellst meine Füße auf einen weiten Raum."

Gott möchte Sie in die Freiheit führen. Er hat Sie erwählt und berufen. Er sieht das ganze Potenzial Ihrer Persönlichkeit. Er hat Ihnen Würde verliehen und eine Bestimmung geschenkt. Er kennt Ihre Möglichkeiten und Grenzen. Er sieht Ihre Blockaden, Ihre Sackgassen, die Sie behindern und Sie in ein verwirrendes Labyrinth geführt haben.

Gottes Ziel mit uns ist es, uns in die Weite zu führen. Er ruft uns heraus aus selbst gemachten Abwehrmaßnahmen, in die uns unsere Reaktionen auf manche schmerzhaften Erfahrungen in unserem Leben geführt haben. Und er hat sehr viel Geduld dabei. Seine Liebe steht über unserem Leben, und er möchte uns freundlich an die Hand nehmen und uns den Weg in die Freiheit zeigen. Er wird uns aber keine Wege abnehmen, keine Entscheidungen für uns treffen, die uns davon abhalten, zu reifen und zu wachsen. Er ist ein guter Vater, der beste, den es gibt. Er wird uns weder verwöhnen noch uns seine Ermutigung und Wertschätzung entziehen. Er weiß, was uns zur Reife bringt, und wird nie die Hoffnung aufgeben, dass wir in die Bestimmung hineinwachsen, die er in seiner Vision vor Augen hat.

Gottes Sicht und Zuspruch: Du bist kostbar und geliebt

„... weil du in meinen Augen so wertgeachtet und auch herrlich bist und weil ich dich lieb habe." (Jes. 43,4)

Das ist Gottes Sicht von uns Menschen. In seinen Augen sind wir kostbare Edelsteine, die er zum Glänzen bringen will. Wenn wir auch stumpf oder schmutzig sind, verstrickt in schuldhafte Verhaltenswei-sen, verloren in unseren Gedanken und Gefühlen, dem Bewusstsein unserer von Gott geschenkten Würde beraubt – er sieht unser kost-bares Herz und liebt uns. Seine Liebe gibt uns die Hoffnung auf Ver-änderung und Erneuerung, auch wenn wir selbst kaum daran glauben und uns vielleicht selbst ablehnen und verachten.

Ich habe es erlebt: Gott hat mich förmlich herausgeliebt aus mei-nen Verstrickungen, aus meinen festen negativen Gedankenstruk-turen. Er hat mir das Bewusstsein meiner Würde neu geschenkt. Zwar dauerte es längere Zeit, bis seine Liebe zu meiner tief verbor-genen Verlassenheit vordrang, aber in seiner großen Geduld begleite-te er mich auf dem Weg. Lange Zeit konnte ich mit ihm als „Vater" nichts anfangen. Aber durch viele Gespräche, positive Begegnungen mit geistlichen Vätern und Müttern wurde mir immer tiefer deutlich: Gott hat mich adoptiert! David schreibt in Psalm 27,10: „Denn mein Vater und meine Mutter verlassen mich, aber der Herr nimmt mich auf."

Auf dem Weg der Heilung wurde mir immer tiefer im Herzen klar, dass ich einen Vater bekommen habe, der mich achtet und würdigt, mich liebt und schützt. Und Gott ist mir zugleich eine Mutter, die liebevoll für mich sorgt, mich nährt und pflegt.

Die befreiende Wahrheit entdecken

„Gott offenbart, was tief und verborgen ist; er weiß, was in der Fins-ternis liegt, denn bei ihm ist lauter Licht." (Dan. 2,22)

Daniel hat die gewaltige Erfahrung gemacht, dass Gott ihm den Traum mitsamt Deutung von Nebukadnezar offenbart hatte, und dieser Vers ist dem Lobpreis entnommen, den er danach anstimmte.

Gott sagt uns zu, dass er mit seinem Licht in die verborgenen Win-kel hineinleuchten kann, um sie uns zu offenbaren. Wir sind wie ein aufgeschlagenes Buch vor seinen Augen. Er weiß, welche Wahrheiten wir verkraften können und welche noch Zeit brauchen, bis wir sie fassen und annehmen können.

Die Wahrheit kann weh tun und verborgene Schuld aufdecken – die eigene Schuld, aber auch die Schuld, die andere an mir getan haben. Die Wahrheit darüber, wie wir darauf reagiert haben, die verborgene Bitterkeit, die negativen Bindungen und Abhängigkeiten von Menschen, diese Wahrheit ist nicht immer leicht auszuhalten, aber sie ist unsere Hoffnung, aus unseren Sackgassen und Verstrickungen herauszukommen. Gottes Gegenwart kann Neues entstehen lassen, sodass wir tief greifende Heilung erfahren können. Seine Liebe wird uns doch letzten Endes zur Freiheit führen. Darauf können wir vertrauen.

Die Wahrheit führt uns zu Begegnungen mit unserem verletzten und verwundeten Herzen. Welche Begegnungen sind das?

Wir begegnen einem tiefen Schmerz, der sehr intensiv sein kann. Aber dieser Schmerz zeigt uns, dass wir *wirklich* tief verletzt worden sind. Wir begegnen der Angst und einem Gefühl der Verlassenheit, die wir uns bisher nicht eingestehen konnten. Wir hätten solche Gefühle bisher nicht ausgehalten. Und nun sind unsere Bereitschaft und der Raum gewachsen, sodass wir sie wahrnehmen können.

Wir können Gott in diesen Schmerz und diese Verlassenheit einladen. Er wird kommen mit seiner Liebe und Trost und Heilung geben.

> „Gott hat mich in meinem Leid gehalten. Er hat mir manche Zusammenhänge aufgezeigt. ... Mir ist klar, dass ich durch ihn Zugang zu der Wahrheit meines Lebens bekam und bekomme. Er hat es immer sehr liebevoll getan, und mir seine Gnade groß gemacht. Er hat mir den Schmerz nicht genommen, aber er war mit mir darin. Vielleicht könnte ich sagen: Er hat mich das Trauern gelehrt."
> Maria

Gottes Angebot und Werk: meine Bestimmung finden

„Immer werde ich euch führen. Auch in der Wüste werde ich euch versorgen, ich gebe euch Gesundheit und Kraft. Ihr gleicht einem gut bewässerten Garten und einer Quelle, die nie versiegt." (Jes. 58,11)

Gott gibt uns einen weiten Raum zur Entfaltung unseres Lebens.

Seine Sicht weckt in uns die Sehnsucht nach Erfüllung, und seine Wahrheit durchdringt unser Leben. Das ist Angebot und Werk in einem. Gott führt uns zu unserer Bestimmung, „Gottes unverdiente Gnade zu rühmen und zu preisen" (Eph. 1,6). Dies bedeutet nicht rastlose Aktivität, sondern ist eine tiefe innere Verbundenheit mit ihm. Ein Zur-Ruhe-kommen in seiner Gnade, die uns zu dem Auftrag motiviert, den er für uns bereitet hat. Wir verbinden einen Auftrag meist mit Leistung und Aktivität. Und das ist sicher auch damit verbunden. Aber Gott möchte eine Quelle in uns legen – Jesus selbst –, die das mit uns zusammen vollbringt, was unser Anliegen ist und unseren tiefsten Sehnsüchten entspricht. Es ist kein aufgesetztes „Du musst", sondern ein inneres Drängen aus dankbarer Liebe.

Niemand anders

Ich bin niemand anders
als ich selbst
und brauche auch
kein anderer zu sein.

Nur anders will ich
noch werden,
nämlich noch mehr
ich selbst,

so wie Gott mich sieht
und ich mich
immer wieder erkenne,

so wie Gott mich will
und ich mich
selber schätze.
Hans-Joachim Eckstein

Mein Anliegen, Menschen zur Seite zu stehen, entstand schon sehr früh aufgrund meiner eigenen Erfahrungen. So wurde meine Gabe zur Seelsorge und Leitung entfaltet. Aber insgeheim stand ich in der

Gefahr, meinen Mangel gerade dadurch auszufüllen, dass ich für andere da war. Davon wurde ich mehr und mehr befreit, weil ich nun selbst Heimat in Gott und in mir selbst fand. Mein tiefer Wunsch, innerlich zur Ruhe zu kommen, wurde mehr und mehr erfüllt. Gleichzeitig entstand daraus meine Bestimmung, diese Heimat mit anderen zu teilen. Anderen ein Gegenüber zu werden, damit sie zu ihrer Bestimmung finden können. Befreiend daran ist, dass ich den anderen nicht mehr brauche, um selbst jemand zu sein. Meine Empfindlichkeit ließ nach und meine Abhängigkeit vom Wohlwollen anderer Menschen. Ich konnte mehr und mehr den anderen in seiner Art wahrnehmen und annehmen. Da ich selbst auf dem Weg der Entfaltung so viel Geduld lernen musste mit mir, entwickelte ich nun eine große Geduld in der Begleitung von Menschen.

Und gleichzeitig lernte ich, zu meiner Art zu stehen. Ich weiß: Ich brauche Zeit und Raum, um nachzudenken, zu studieren und alleine zu sein. Ich lernte mich abzugrenzen gegenüber Erwartungen anderer und mir und meiner von Gott gegebenen Art treu zu bleiben.

Entfaltung durch Versöhnung

Versöhnung mit Gott

Die Versöhnung mit Gott ist die Grundlage für eine weitergehende Versöhnung mit anderen, mit mir selbst und meiner Biografie. Wir sind keinem blinden Zufall ausgeliefert, sondern wir sind Geschöpfe des lebendigen Gottes, der uns liebt und mitten hineinkommen möchte in unsere Fragen und Nöte. Er möchte uns die Augen dafür öffnen, dass wir nur in einer Beziehung zu ihm zur eigentlichen Bestimmung unseres Lebens finden können. Die Bibel spricht davon, dass wir uns von unserem Schöpfer losgelöst haben. Von uns aus passen wir nicht zu ihm: Er ist heilig, und wir haben uns von ihm abgewandt. Das nennt die Bibel Sünde. Es geht nicht um einzelne falsche Verhaltensweisen, sondern um unsere grundsätzliche Haltung und

Stellung. Wir haben unsere eigenen Strategien entwickelt, wie wir überleben können. Und das hat uns in viele Sackgassen geführt. Aber das ist Gott nicht gleichgültig. Er lässt uns nicht einfach links liegen, so nach dem Motto: „Das hast du nun davon". Nein, er kommt zu uns durch Jesus Christus und ruft uns zu: „Kommt alle her zu mir, die ihr euch abmüht und unter eurer Last leidet! Ich werde euch Frieden geben." (Mt. 11,28)

Sie und ich, wir haben eine kostbare Seele, ein kostbares Herz. Jesus Christus lädt uns ein, seiner Liebe mehr zu vertrauen als unseren eigenen Entscheidungen oder den Entscheidungen anderer Menschen. Er möchte unser Herz zu seiner Wohnung machen – wenn wir uns ihm im Glauben anvertrauen.

„Ein Schmuckstück wirst du sein, das der Herr in seiner Hand hält wie ein König seine Krone." (Jes. 62,3)

Nun haben Sie vielleicht die unterschiedlichsten Vorstellungen von Gott. Sie haben Erfahrungen mit Christen gemacht, die Sie nicht ermutigt haben, diesem Gott Glauben zu schenken. Sie sind vielleicht mit einem strafenden Gott groß geworden, der mit erhobenem Zeigefinger vor uns steht. Oder Gott scheint auf alles reduziert zu sein, was kein Spaß macht: Es gilt Gesetze einzuhalten, die einem wie ein Gefängnis erscheinen.

Doch Gott ist völlig anders. Er ist der Einzige, der unserem Leben wirklich Sinn und Hoffnung geben kann. Er spricht uns zu:

„Hab keine Angst, denn ich habe dich erlöst! Ich habe dich bei deinem Namen gerufen, du gehörst zu mir." (Jes. 43,1)

Wie geschieht nun Versöhnung? Indem ich glaube, dass Jesus Christus für mich am Kreuz gestorben und auferstanden ist. Vielleicht winken Sie müde ab und denken: „Das weiß ich alles schon, aber ich kann nichts damit anfangen." Dann wird es umso wichtiger, dass ein frischer Wind der Hoffnung in Ihr Leben bläst und seine Liebe Ihr Herz erreichen kann. Wahrheit wird nicht dadurch zur Lüge, weil man nichts mit ihr anfangen kann. Wahrheit setzt sich immer durch. Sie kann nicht als Lüge entlarvt werden. Und das ist die große Hoffnung. Das ist das Wagnis wert.

Versöhnung mit anderen Menschen

Vielleicht haben Sie während des Lesens dieses Buches verletzende Beziehungen zu Menschen entdeckt. Sie haben getrauert über den Verlust einer liebevollen und fürsorglichen Mutter und den mangelnden Schutz des Vaters. Es hat Sie schmerzlich bewegt, und Sie sind darüber nicht zur Ruhe gekommen. Vielleicht denken Sie auch mit Scham an Situationen zurück, die Sie am liebsten nicht erlebt hätten. Menschen sind an Ihnen schuldig geworden und haben Wunden in Ihr Leben geschlagen. Nun möchte ich Sie einladen, den Weg der Versöhnung zu finden.

Sie haben die Möglichkeit, in einen Vergebungsprozess hineinzuwachsen. Solch ein Prozess kann sich über einen längeren Zeitraum erstrecken, er kann nicht erzwungen oder beschleunigt werden. Gott möchte Sie auf diesem Weg begleiten mit seiner Liebe und seinem Erbarmen. Er versteht Ihre Situation, kennt Ihren Schmerz und verurteilt Sie nicht, wenn Sie die innere Bitterkeit noch nicht loslassen können. Aber Gott will Ihnen dabei helfen, alles Verletzende in seine Hände zu „vergeben" – alles ihm zu überlassen, weil er besser damit klarkommt. Im Anhang finden Sie eine Skizze über einen solchen Vergebungsprozess. Ich möchte versuchen, Ihnen bei dem Prozess Unterstützung zu geben.

In diesem Vergebungsprozess stehen auf der einen Seite unser Umgang mit unserer Schuld und die Erfahrung von Gottes großer Gnade und seinem Erbarmen in unserem Leben, auf der anderen Seite die Möglichkeit, die Schuld des anderen zu benennen und in eine Vergebung hineinzuwachsen. Umso mehr wir unsere eigene Schuld wahrnehmen können und Gottes Gnade erfahren haben, umso mehr kann auch Barmherzigkeit für die Schuld des anderen in uns aufkommen.

Ich möchte Sie zunächst einladen, die Schuld der Menschen und alle bösen oder schweren Erlebnisse, die damit verbunden sind, anzusehen. Dabei geht es nicht nur um ein intellektuelles Sehen und Wahrnehmen, sondern um das Denken und Fühlen Ihres Herzens. Das Herz braucht die Möglichkeit, dass es spüren darf, dass Sie lange unter einer großen Last gelitten haben.

Eine Hilfe kann es sein, der Mutter oder dem Vater (oder eben dem Menschen, der an einem schuldig geworden ist) einen Brief zu schreiben. Einen Brief, den man nicht abschickt. Man kann alles hineinschreiben, was man fühlt und denkt, alle Fragen und Nöte und auch alle Angst und Gefühle des Zorns. Das kann eine Hilfe sein, um mit dem eigenen Herzen wieder in Beziehung zu treten.

Mathias Jung schreibt in seinem Buch „Versöhnung" Folgendes:

> „... in dem Brief sollten wir alles schreiben, was in diesem Augenblick aus uns herausbricht. Der Brief darf auch derb sein. Wir sollten nicht unsere Gefühle unterdrücken und in eine Eigenzensur verfallen. Wir dürfen Partei ergreifen für das kleine Kind, das wir einmal waren, und möglichst genau seine damaligen Gefühle der Abwertung, Erniedrigung, Einsamkeit und Hilflosigkeit nachspüren. In den Brief muss alles hinein, was wir niemals den Eltern zu sagen gewagt haben ... unsere damalige Panik, unsere Fehlreaktionen, Schulversagen, Rebellion aus Not."

Wenn Sie nun einen inneren Bezug zu ihren Verletzungen spüren, möchte ich Sie ermutigen, einen Schuldschein anzufertigen. Er könnte so aussehen:

SCHULDSCHEIN

Mich verletzt, dass du (Name)............................ mir Folgendes angetan hast:...

Ich werfe dir vor, dass du ....
Damit bist du an mir schuldig geworden. Das hat mich Folgendes gekostet: ....

Diese Schuld erlasse ich dir / erlasse ich dir nicht / erlasse ich dir noch nicht.

Hören Sie auf Ihr Herz. Unser Herz braucht Zeit, um alles in Worte zu fassen. Es braucht Zeit, um in die Bereitschaft hineinzuwachsen, dem anderen die Schuld zu erlassen. Sie brauchen Ihre Entscheidung nicht überstürzen. Manchmal kann es eine Hilfe sein, wenn wir die Schuld, die andere uns angetan haben, an Gott „vergeben" – so wie wenn man einen Auftrag an einen Architekten vergibt zum Hausbau. So wie dieser Architekt sich nun um alles kümmert, so können Sie diese ganze Schuld mit allen Konsequenzen an Gott weiterreichen, damit er sich darum kümmern und Ihnen die Kraft geben kann, diese Schuld mitsamt aller Bitterkeit und den Folgen loszulassen und auf das Einfordern zu verzichten.

Vielleicht entstehen in Ihnen viele Gefühle von Wut, Zorn, Hass, Trauer, Abwehr. Lassen Sie alle Gefühle getrost zu. Sie drücken nur aus, was in Ihrem Herzen schon seit Langem geschlummert hat. Manchmal kann eine tiefe Wurzel von Groll und Bitterkeit in Ihrem Herzen sein, die sich nur langsam offenbaren will. Gott wird Sie nicht überfordern, sondern er geht mit Ihnen Schritt für Schritt, damit sich die Wurzel lösen kann. Das heilsame Wirken des Geistes Gottes kann diese fest sitzende bittere Wurzel aufweichen, damit sie entfernt werden kann.

Auch für diesen Prozess ist es wichtig, einen Menschen zu haben, mit dem man die ganze Not teilen kann und vor dem man die Gefühle aussprechen kann. Wir brauchen den Zuspruch der Vergebung, den Trost des Aufgefangenwerdens und des Mitaushaltens. Gerade wenn die Bitterkeit sehr tief ist, braucht es Zeit, bis wir uns mehr und mehr davon lösen können. Gottes Beistand ist uns gewiss, aber die Anwesenheit eines Menschen verstärkt und unterstützt unseren Glauben, auf die Hilfe und Kraft Gottes vertrauen zu können.

Adrian Plass schreibt in der erwähnten Biografie von Philip Ilott:

> „Endlich wusste er, was das Furchtbare gewesen war, das er Mama angetan hatte. Er war geboren worden und er war ein Junge. Sie hatte ihn überhaupt nicht gewollt, sie hatte keine Verwendung für ihn. All diese Gefühle, die er als Heranwachsender gehabt hatte, hatte er wegen ihr

gehabt. Er hatte sich oft schwach, schmutzig und machtlos gefühlt. Wenn er daran dachte, hatte er diese Gefühle noch immer. Er glaubte, er würde für immer in den Klauen seiner Mutter bleiben, egal was passierte ..."

Auf der anderen Seite möchte Gott Ihnen behutsam die Augen öffnen für Ihre eigene Schuld in Ihrem Leben. Nein, er steht nicht als Richter vor Ihnen, sondern als liebender Herr, der Ihnen seine Gnade anbietet. Sie können erkennen, wie viel Not es über Ihr Leben gebracht hat, dass Sie sich so tief in Bitterkeit und Abwehr verstrickt haben. Er kann Ihnen Ihr „verzweifelt böses Herz" offenbaren, das nach Auswegen gesucht hat, um den Schmerzen der Wunden zu entkommen, die andere ihm zugefügt haben. Gott hilft Ihnen, Ihre eigene Abwehr und Härte zu erkennen, mit denen Sie andere Menschen verletzt haben – und als Opfer nun gleichzeitig zum Täter wurden: Wie Sie vielleicht anderen Menschen Böses unterstellt haben, wie Sie Gott angeklagt haben und sich eine große Lieblosigkeit in Ihrem Herzen breitgemacht hat. All Ihre Last der Bitterkeit können Sie zum Kreuz bringen und Gottes Vergebung in Anspruch nehmen.

Einem Ratsuchenden gab ich einmal den Rat, sich Holz aus dem Wald zu holen und sich selbst ein Holzkreuz zu basteln. An dieses Kreuz konnte er seine Schuld, aber auch die Schuld des anderen heften. So wurde die Vergebung ganz plastisch. „Gott hat den Schuldschein, der uns mit seinen Forderungen so schwer belastete, eingelöst und auf ewig vernichtet, indem er ihn ans Kreuz nagelte. Auf diese Weise wurden die finsteren dämonischen Mächte entmachtet und in ihrer Ohnmacht bloßgestellt, als Christus am Kreuz triumphierte." (Kol. 2,14)

Auch in meinem eigenen Leben entwickelte ich manche „Waffe", um mich vor weiteren verletzenden Erfahrungen zu schützen. Meine Waffen waren Verachtung, Rückzug und sachliche Arroganz. Dadurch habe ich manchen lieben Menschen verletzt, der es gut mit mir meinte. Meine Unbarmherzigkeit gegenüber Menschen hat manchen verwirrt und verunsichert. Und gerade diese heilsame Erkenntnis, dass Jesus alles für mich bezahlt hat, konnte mir helfen, nun bereit zu werden gegenüber den Menschen, die mich so tief verletzt hatten: nämlich nun ihnen zu vergeben und meine Bitterkeit loszuwerden. Dieser Prozess zog sich bei mir über einen langen Zeitraum hin. Vieles wurde mir erst allmählich bewusst. Aber gerade dadurch lernte ich, dass Vergebung und Loslösung von Bitterkeit von mir allein nicht geleistet werden können. Ich bringe das nicht fertig. Es braucht Gottes Liebe und Gnade und die nicht so einfache Erkenntnis der eigenen Sündhaftigkeit.

Gottes große Liebe zu Ihnen möchte einen Weg zu Ihrem Herzen finden. Es ist nicht schön, sich selbst im Licht Gottes zu sehen. Aber seine Gnade reicht aus, um all Ihre Schuld zu tilgen. Sie ist ans Kreuz geheftet worden. Sie müssen sich nicht mehr selbst verachten und verdammen. Gott hat für alle Schuld seinen eigenen Sohn verlassen und all Ihre Schuld auf ihn gelegt.

Und so können auch Gottes Trost und seine liebevolle Nähe Ihnen Trost geben in Ihrem Leid, das Sie aufgrund der Verletzungen durch andere empfunden haben oder nun empfinden. Versuchen Sie sich Gott zu öffnen, dass er kommt – mitten hinein – in Ihre Bitterkeit, Ihre Schmerzen, in alle Verwirrung und Unsicherheit, und Sie an die Hand nimmt, um zu trauern und Trost zu empfangen. Tief in Ihnen wird der Wunsch geweckt, nun die zu Recht empfundenen Forderungen an die Menschen, die Ihnen Schaden zugefügt haben, loszulassen. Auch das kann dauern. Aber wenn Sie einmal die heilsame Begegnung mit der Vergebung geschmeckt haben, möchten Sie es immer tiefer erfassen, sodass Sie frei werden von allen Bindungen an die „Täter", die Ihnen in Ihrem Leben so viel Negatives angetan und verursacht haben. Denn nichts bindet uns stärker an die negativen Erfahrungen (beispielsweise mit unserer Mutter oder unserem Vater) als unsere Forderungen, die wir nicht loslassen können!

Lernen wir loszulassen, kommen wir in eine immer tiefer gehende

Versöhnung mit uns selbst, mit den Verursachern und mit dem, was das Erlebte an Konsequenzen hatte, hinein.

Angelika Böckmann schreibt in ihrem Büchlein „Meine Mutter und ich":

> „Sich loslösen heißt auch, sich von Ansprüchen und Vorwürfen der Mutter oder den Eltern gegenüber freizumachen. Wenn wir jemandem gegenüber Vorwürfe erheben, dann erheben wir auch indirekt Anspruch auf Wiedergutmachung. Wenn wir uns aber loslösen wollen, bedeutet das auch gleichzeitig, dass wir diesen Schuldschein zerreißen und den anderen freigeben."

Versöhnung mit meiner Biografie

Hier wird es nun noch umfassender. Wie schön wäre es doch, wenn wir nach Jahren auf unser Leben zurückblicken und sagen könnten: „Ja, da war manches Schwere und Unverständliche dabei, aber ich bin darüber zur Ruhe gekommen. Ich bin gereift und gewachsen, habe die Schuld anderer verschmerzt, und Gott hat gerade aus diesen Phasen Segen werden lassen."

Und genau das ist möglich. Gott macht das Unmögliche möglich. Er verwandelt unsere verarbeiteten, schmerzhaften Erfahrungen in Segen, sodass wir mit Josef sprechen können:

„Habt keine Angst! Ich maße mir doch nicht an, euch an Gottes Stelle zu richten! Was er beschlossen hat, das steht fest! Ihr wolltet mir Böses tun, aber Gott hat daraus Gutes entstehen lassen." (1. Mo. 50,19.20)

Aussöhnung mit mir selbst

Das kann besonders schwierig sein, sich selbst nichts nachzutragen. Man hat sich daran gewöhnt, sich selbst abzulehnen, zu kritisieren und zu verdammen. Wenn Sie sich schuldig gemacht haben, gilt Ihnen die Gnade Gottes. „Wo sich die ganze Macht der Sünde zeigte, da erwies sich auch Gottes Barmherzigkeit in ihrer ganzen Größe." (Röm. 5,20)

Sind Sie aber dabei, Ihre eigenen Gedanken, Gefühle und Handlungen ständig zu kritisieren, dann wird es wichtig, dass Sie beginnen, sich selbst zu respektieren und stehen zu lassen. Das ist eine ständige Übung und eine wichtige Voraussetzung, um die verborgenen Bereiche in unserem Innern zu entdecken, auszudrücken und um Veränderung zu erfahren.

> „Versöhnung war wichtig in meinem Leben. Da ich in der Ablehnung und Auflehnung gegen alles und jeden lebte, war es wichtig – um überhaupt einen Fuß auf den Boden zu kriegen – mich mit mir, mit Gott, meiner Lebensgeschichte, Umständen und Menschen auszusöhnen. Das alles anzunehmen und Ja dazu zu sagen, weil es die Wahrheit war. Ich brauchte Vergebung und lernte, anderen zu vergeben. Das war befreiend. Dass ich diese Schritte immer wieder gehen konnte und meinen Hass und meine Ablehnung und Auflehnung überwinden konnte und kann, ist letztlich Gnade."
> Daniela

> „Gott schenkte mir Zugang zu einer Verletzung durch Verachtung und machte es mir möglich, mit dem Herzen zu vergeben. Ich konnte Vergebung empfangen für meine Rebellion gegen Gott und meine Schuld, die durch meinen Selbstschutz entstanden ist."
> Magdalene

Diese Zeilen schrieben Menschen, die sich auf den Weg gemacht haben. Aber die Vergebung aus ihrem Herzen heraus entstand erst im Laufe von Wochen, Monaten und Jahren. Es ist ein Wunder der Gnade Gottes, wenn seine Liebe unser Herz erreicht und wir bereit werden zu vergeben. Erst auf dem Wege erkennen wir oftmals, wie groß unser Groll und unsere Bitterkeit sind. Und wir brauchen sehr viel Geduld mit uns selbst, damit wir uns dies erst eingestehen können, um dann immer tiefer davon frei zu werden.

Entfaltung durch Nachreifung

Der Weg der Nachreifung und Entfaltung ist ein Ineinandergreifen von Gottes Eingreifen in mein Leben, vom Erkennen der Wahrheit, von Trauerarbeit, Versöhnung und praktischen Schritten im täglichen Leben und dem Einüben, sich selbst zu achten und sein ganzes Vertrauen auf Gott zu setzen.

Der Aufbau der Identität hat unterschiedliche Aspekte. Man könnte sie unter folgenden Stichworten zusammenfassen:

- **Verinnerlichung**
  Ich verinnerliche meine eigene Persönlichkeit, meine Werte, meine Art, meine Verluste und Defizite und trete dazu in Beziehung.

- **Spiegelung**
  Dafür brauche ich Menschen als Gegenüber, die mir Feedback geben, die mir helfen, mich selbst zu entdecken und mich zu erkennen.

- **Direkte Identifikation**
  Dazu gehört die Fähigkeit, sich selbst zu identifizieren mit seinen Ressourcen und seinen Defiziten, sich anzunehmen, auszuhalten und über seine Verluste zu trauern.

- **Lernen**
  Das Erkannte annehmen, um die Ressourcen zu fördern, die negativen Prägungen lernen zu verändern, neues Verhalten, das zu mir passt, einzuüben und im alltäglichen Leben zu leben.

- **Sozialisation**
  Das kann bedeuten, in der Gruppe und in Beziehungen zu sich selbst zu stehen, seine Meinung zu vertreten. Und gleichzeitig bedeutet es, sich mit der eigenen Art einzubringen, sich auf Gemeinschaft einzulassen und Vertrauen zu investieren. Ein weites Übungsfeld ist es zu lernen, mit verletzenden Situationen in der Gemeinschaft und in Beziehungen umzugehen, Vergebungsbereitschaft zu lernen, aber auch zu lernen, sich zu schützen und abzugrenzen.

Es ist ein mutiger Schritt, das Leben zu erlernen, das man bis jetzt nicht leben wollte und konnte. Der Weg der Nachreifung bringt mich unweigerlich immer wieder zu bestimmten Punkten, in denen ich meine Unreife wahrnehme, und ich lerne nun, dazu zu stehen und weiterzuüben und zu reifen.

Man hört auf, sich selbst zu verachten und abzulehnen. Man nimmt das immer wiederkehrende Gefühl der Minderwertigkeit wahr, ist aber bereit, es nun auszuhalten und in ein neues Bewusstsein des eigenen Wertes hineinzuwachsen. Das ist zwar nicht immer leicht, aber es bedeutet eine freimachende Demut, die ermutigt und zur Reife führt.

> „Ich habe einige Dinge entdeckt, an denen ich gerade dabei bin sie ‚nachzulernen‘: Ich gehe ‚normalerweise‘ bisher den leichtesten und bequemsten Weg, meide gerne Konflikte, wenn es zwischenmenschliche Probleme gibt, übernehme nur in wenigen Dingen Verantwortung, habe einen passiven Lebensstil, das heißt, ich nehme vieles so an, wie es kommt, und stecke mir wenig Ziele. Ich vergleiche mich gerne mit anderen Menschen und denke, dass meine Meinung nicht so wichtig ist und es auf sie nicht ankommt. Ich lebe oft in meiner Welt und bin auf mich fixiert, sodass ich andere Menschen übersehe und Beziehungsprobleme entstehen.“
> Thomas

Bilder

Die Persönlichkeit eines Menschen vergleiche ich gerne mit einem Garten. In diesem Garten gibt es viele schöne Blumen, Sträucher und Bäume, schön angelegte Beete mit Nutzpflanzen aller Art. Er ist in der Regel umgeben von einem Zaun oder einer Hecke als Begrenzung und hat ein schönes Gartentürchen. Es sind Wege gepflastert, auf denen man gehen kann, und es gibt vielleicht ein paar schöne Stühle oder Bänke mit einem Tisch, die zum Verweilen einladen.

Aber in diesem Garten liegen Beete brach, einzelne Stellen sind verwüstet, an anderen Stellen wuchert das Unkraut und manches ist vernachlässigt. Die Begrenzung ist an manchen Stellen beschädigt oder gar nicht vorhanden.

Die brachliegenden Stellen könnte man mit den nicht entfalteten Bereichen unserer Persönlichkeit vergleichen. Die verwüsteten Stellen mit unseren Verletzungen. Das Unkraut, das wuchert, könnte die Folgen und Hindernisse darstellen. Die beschädigten Stellen deuten auf Grenzverletzungen hin. Wir sind offen für weitere Verletzungen, wenn wir keinen Schutz haben. All diese Stellen ziehen die Schönheit des Gartens in Mitleidenschaft.

Es gibt „Stellen" in unserem Leben, die liegen brach. Hier fehlte das nötige „Wasser" und die „Sonne", um die Persönlichkeit zum Wachsen zu bringen. Und es gibt Stellen mit „giftigen Pflanzungen". Sie sind nicht so leicht zu identifizieren, wirken aber doch in unser Leben hinein. Und wenn wir sie nicht beachten bzw. die Signale nicht ernst nehmen, können sie die gesamte Persönlichkeit überschatten. Je größer dieser Bereich in unserer Persönlichkeit ist, umso weit reichender und blockierender ist er für unser Leben.

Dieses Bild verwende ich gern in der Seelsorge, und schon mancher konnte es auf sein Leben übertragen. Es kann helfen, sich selbst besser wahrzunehmen, zu verstehen und wegzukommen von der tiefen Selbstablehnung. Es kann die Bereitschaft wecken, sich gemeinsam auf den Weg zu machen, um nun diese Stellen zu entdecken und aufzuspüren.

Ähnlich hilfreich ist das Bild eines Hauses, von dem schon einmal die Rede war. Das Haus mit vielen Zimmern, in dem manche verschlossen sind. In dem man sich (vielleicht in manchen Bereichen des Lebens) in den Keller zurückgezogen hat und nicht mehr „anwesend" ist.

Sie können auch versuchen, selbst Bilder zu malen, und diese dann mit einem Seelsorger besprechen. Oder besorgen Sie sich Ton und versuchen Sie durch Formen Ihre Gedanken und Gefühle auszudrücken.

Manche ermutige ich, Gedichte zu schreiben oder ihre Gedanken in Worten auszudrücken. – Jeder von uns hat eine andere Art, mit der er zu den inneren Bereichen seiner Seele Zugang finden kann. Ausdrucksstarke Texte oder Lieder können uns berühren und uns zu unserem Herzen führen.

Sich selbst ernst nehmen

Nun gilt es, diese Gedanken und Gefühle ernst zu nehmen und mit einem Menschen zu besprechen. Wenn Sie die Möglichkeit haben, eine therapeutische Gruppe zu besuchen, kann das besonders hilfreich sein, weil Sie dann direktes Feedback bekommen auf das, was Sie aussprechen. Manchmal sind auch Gefühle von permanenter Unzufriedenheit ein Signal. Nöte wie längere deprimierte Stimmungen, starke Stimmungsschwankungen und sich abhängig fühlen von Menschen sind nicht abzulehnen, sondern können ein Ausdruck sein von einer tiefer liegenden Verletzung oder einem Defizit in der Persönlichkeit.

Sich selbst ernst zu nehmen und diese Signale genauer zu betrachten ist wichtig, um zu diesen verborgenen Stellen vorzudringen, die unser Leben bedrohen.

> „Ich musste lernen zu hören, was meine Seele eigentlich sagt. Ich musste lernen, mich selber, meinen Ausdruck, ernstzunehmen und auszuhalten."
> Maria

Henri Nouwen schreibt:

> „Solange dein verwundbares Selbst sich nicht von dir willkommen geheißen fühlt, hält es so viel Abstand, dass es dir seine eigentliche Schönheit und Weisheit nicht zeigen kann. So überlebst du zwar, doch ohne wirklich zu leben."

Auseinandersetzung mit sich selbst

Was bedeutet das? Wie setzen wir uns mit uns selbst überhaupt konstruktiv auseinander? Es kann ja nicht bedeuten, dass wir nur um uns selbst kreisen und dann wieder nur in unseren Grübeleien hängen bleiben. Man könnte auch fragen, wie setzen wir uns mit uns selbst zusammen und besprechen unsere Situation ehrlich und offen und weichen unseren eigenen Reaktionen nicht mehr aus? Das klingt vielleicht etwas fremd, aber es könnte uns dabei helfen, wie wir beginnen, die Bereiche unserer Persönlichkeit wahrzunehmen, die wir bisher weggeschoben haben, ohne es vielleicht zu merken.

Auseinandersetzung bedeutet das Anschauen unserer persönlichen Regungen, um ihnen zu begegnen und sie ernst nehmen zu können. Dabei können wir entdecken, dass wir an manchen Stellen gar keinen Ausdruck gefunden haben. Unsere Gefühle sind unterdrückt, unser Wille teilweise gelähmt und unser Gewissen durch Schuldgefühle verbogen. Unser Verstand mag zwar an manchen Stellen blockiert sein, aber er erfasst noch am stärksten die Hintergründe, wenn wir uns darauf einlassen. Aber es scheint eine Glaswand zwischen der eigenen Person und den vergangenen Dingen zu liegen, wenn wir sie zu fassen kriegen.

Nun beginnt die große Entdeckungsreise, die zum einen zur erleichternden Entfaltung und zum anderen zur Begegnung mit den nicht gelebten und schmerzhaften Bereichen führt. Wichtig dabei ist, dass wir uns selbst zunächst nicht (als gut oder schlecht) bewerten, damit wir uns selbst überhaupt entdecken können.

Wie schon erwähnt, finden Sie im Anhang des Buches eine Anleitung für eine solche Auseinandersetzung. Sie kann Ihnen bei der Entdeckungsreise helfen.

Gefühle sind Signale unserer Seele

Gefühle nehmen einen großen Raum in unserem Leben ein. Oft sind sie überbetont oder wir nehmen sie kaum wahr. Und dann gibt es noch viele eingemauerte Gefühle, die wir gar nicht kennen und die wir mit viel Geschick und kunstvollen Strategien von uns fernhalten.

So entwickelt man unbemerkt viel Fantasie und vielerlei Kunstgriffe, um sich vor den eigenen Gefühlen, die schmerzen, fernzuhalten.

Unsere Gefühle können aber auch dumpf und verzerrt in unserem

Inneren verborgen liegen, und es ist manchmal nicht leicht, überhaupt an sie heranzukommen. Auch hier möchte Gott unser Führer sein, der „das Verborgene ans Licht bringt" (Dan. 2,20).

W. Hugh Missildine schreibt:

> „Emotionale Vernachlässigung ist ein Phantom, ein sich dem Zugriff entziehendes, leeres Etwas, aus dem einfachen Grund, dass sie die Abwesenheit von etwas ist. Aus eben diesem Grund kann man es ... nur schwer erkennen. Was dem Kind ursprünglich fehlt, ist die ständig vorhandene Gelegenheit, eine das Kind bestätigende Bindung an einen Erwachsenen zu bilden und aufrechtzuerhalten, die dem Kind das Gefühl gibt, ein „besonderes", einzigartiges und wertvolles Individuum zu sein. ... Das Kind entwickelt in Bezug auf sich selbst und andere dumpfe, unsichere, verzerrte und inhaltsleere Gefühle. Es vermag nicht zu fühlen, dass es wichtig ist ..."

Gehen wir auf die Entdeckungsreise! Es lohnt, sich selbst kennen zu lernen. Machen Sie sich auf den Weg, indem Sie sich Fragen stellen bzw. sich stellen lassen:

- Welche Gefühle erleben Sie z. B. in unterschiedlichen Beziehungen, im Beruf und in den alltäglichen Anforderungen?
- Welche Empfindungen unterdrücken Sie schnell, wenn sie sich unangenehm anfühlen?
- Sind es die weichen Regungen, die Ihnen besonders schwerfallen?
- In welchen Situationen fühlen Sie sich schwach und verletzlich?
- Entdecken Sie wütende und abwehrende Gefühle?

Sie können beginnen, Ihre Gefühle aufzuschreiben und versuchen, sie auszudrücken, um dahinter liegende Gedanken und innere Haltungen zu entdecken. Besprechen Sie diese Gefühle dann mit einem/r Seelsorger/in oder einer/m Therapeutin/en, der Sie darin unterstützen kann.

Im Anhang finden Sie ein Arbeitsblatt über Gefühle. Nehmen Sie es zur Hand und überlegen Sie, welche Gefühle Sie haben, und kommen Sie sich selbst auf die Spur. Wir sind ein Ebenbild Gottes, und Gott zeigt in seinem Wort sehr viele Gefühle unterschiedlicher Art.

Das Arbeitsblatt gibt die Möglichkeit, in der Bibel darüber mehr zu erfahren.

Es gibt Gründe dafür, dass wir bestimmte Gefühle nicht mehr wahrnehmen. Es gibt Verletzungen, vor denen wir uns schützen, damit wir nicht mehr empfinden müssen. Dieses Verdrängen der Gefühle kann so weit führen, dass wir einen Teil unserer Persönlichkeit „abtrennen", sodass wir keinen direkten Zugriff auf sie haben. Das kann sich so äußern, dass wir von Gefühlen bestimmt werden, die wir nicht kontrollieren können. Sie „kommen einfach hoch" und beherrschen unser Denken und Handeln. Wir finden aber nicht unbedingt einen direkten Zusammenhang, finden auf den ersten Blick keine Gründe, weshalb diese Gefühle da sind.

Versuchen Sie trotzdem, einen möglichen Bezug herzustellen, und lassen Sie sich nicht entmutigen, wenn es nicht gelingt. Bitten Sie Gott darum, dass er Ihnen die Hintergründe zeigt und Sie den Zusammenhang mit früheren Erfahrungen erkennen. Da können schmerzhafte Erinnerungen auftauchen, und es braucht Mut und Motivation, ihnen ins Auge zu schauen. Aber das können wir wagen, wenn uns bewusst ist: Gott steht ganz auf unserer Seite und möchte dabei helfen, die Gefühle auszuhalten, die dadurch ausgelöst werden.

Gedanken wahrnehmen

Manchmal schießen völlig ungerufen bestimmte Gedanken in unser Bewusstsein. Oftmals kommen sie aus dem nicht definierten Bereich und sind mit viel „Unkraut" behaftet: Gedanken des Neides, aber auch der Verzweiflung und Hoffnungslosigkeit. Wir erkennen auf dem Weg sogar Haltungen, die uns prägen und uns in unserem Leben blockieren. Auch hier bringt Fragen weiter:

- Welche Gedanken beschäftigen Sie häufig, z. B. wenn Sie etwas nicht geschafft haben? Welche Gründe könnten sich dahinter verbergen?
- Entdecken Sie im Umgang mit anderen Gedanken, die Sie lähmen und blockieren? Womit könnte das zusammenhängen?

• Gibt es in Ihrem Leben sich wiederholende Gedankenkreisläufe, die Ihnen schon immer zu schaffen gemacht haben?

Beginnen Sie mutig, Ihre Gedanken zu denken. Finden Sie einen Ausdruck mit Worten oder Bildern. Fragen Sie nicht danach, ob die Gedanken gut oder schlecht sind, sondern denken Sie über Ihr Leben nach, Ihren Werdegang, Ihre Art, und entdecken Sie, wie Sie gern leben wollen. Scheuen Sie sich nicht, die negativen Gedanken zu denken, sondern fragen Sie immer wieder nach, woher sie kommen und welche Ursachen sie haben können. Am besten legen Sie Ihre Gedanken immer wieder Gott hin und bitten ihn, dass er Ihnen die Augen öffnet für das Verborgene in Ihrem Herzen. Ergreifen Sie seine Hand. Er möchte Sie führen und Sie auf Ihrer Entdeckungsreise begleiten.

„Fürchte dich nicht, denn ich bin bei dir. Hab keine Angst, denn ich bin dein Gott! Ich mache dich stark, ich helfe dir, mit meiner siegreichen Hand beschütze ich dich!" (Jes. 41,10)

Kommen Sie an manchen Stellen nicht weiter, dann lassen Sie es stehen. Ihr Herz wird im Innern weitermachen, ohne dass Sie das merken. Und nach einiger Zeit wird manches klarer. So werden Sie sich mit der Zeit immer mehr selbst erkennen und gleichzeitig Gottes große Liebe und Gnade. Sie können Ihr Herz vor ihm ausschütten, Ihre Not beim Namen nennen und ihn einladen. Einladen in den „Garten" Ihrer Persönlichkeit, damit er Neues wachsen lassen kann und damit das Wunder geschieht, dass die Wüste sich in einen blühenden Garten verwandelt. Dabei werden Sie auch auf das „Unkraut" stoßen. Ihre Abgründe, Ihre Schuld, werden Ihnen klar werden. Negative Haltungen werden offenbar, wie z. B. manipulatives Verhalten, Kritiksucht, Perfektionismus. Gott wartet auf Sie und möchte Ihnen helfen, auch daran zu arbeiten und neues Verhalten zu lernen.

Unseren Willen entdecken

Gott hat uns in seiner großen Gnade einen freien Willen geschenkt. Wir können wählen. Das wollte er so, weil er uns liebt. Indem Sie Jesus in Ihr Leben eingeladen haben, ist es Ihnen überhaupt wieder möglich geworden zu wählen. Jetzt können Sie lernen, das zu tun, was Sie wirklich möchten. Das klingt befreiend und herausfordernd zugleich. Das hat einen Grund: Vielfach ist unser Wille gelähmt worden – durch mancherlei negative Erfahrungen. Oder er ist gebunden – weil wir unser Leben an bestimmte Dinge oder Menschen gehängt haben. Aber nun möchte Gott Sie in die Freiheit führen und Ihnen die Möglichkeit geben, Ihren Willen neu und frei zu gebrauchen.

Kommen Sie sich auf den Grund:

* Welche Wünsche haben Sie für Ihr Leben und Ihre Beziehungen? Können Sie diese Wünsche zum Ausdruck bringen?
* Gibt es auch Situationen, in denen Sie einen „harten Willen" haben und voller Abwehr reagieren?
* An welchen Stellen fühlen Sie sich gelähmt oder gebunden?
* Was könnte dazu beigetragen haben, dass Sie Ihren Willen nicht gebrauchen können?
* Welche Einstellung haben Sie zu Ihrem eigenen Willen? Denken Sie, dass Sie ihn einsetzen dürfen, oder meinen Sie eher, ihn nicht einsetzen zu dürfen?

Manche Christen meinen, ihr Wille sei nicht wichtig, sondern nur der Wille Gottes. Das ist eine Mischung von Wahrheit und Lüge. Es geht darum, unseren Willen freiwillig unter Gottes Willen zu stellen; dabei geht es um den Einklang. Aber wenn wir unseren Willen nicht kennen, wie sollen wir ihn dann mit Gottes Willen in Einklang bringen?

Es wäre entwürdigend, wenn Gott uns unseren Willen nicht zugestehen würde. Das ist ja gerade das Höchste und Tiefste der Liebe Gottes: Er fragt uns, was wir wollen. Er respektiert unsere Persönlichkeit. Gerade in seiner Einladung, zu ihm zu kommen, erreicht uns diese überwältigende Botschaft:

„Ich stehe vor der Tür (deines Herzens) und klopfe an. Wer jetzt meine Stimme hört und mir die Tür öffnet, bei dem werde ich einkehren. Gemeinsam werden wir das Festmahl essen." (Off. 5,20)

Gott bricht nie mit Gewalt in unser Herz ein. Er ist höflich und freundlich und er wartet auf unsere Antwort.

Lassen Sie sich ermutigen, Ihren Willen zu gebrauchen. Besonders in den Bereichen, die Sie lieber anderen überlassen würden oder in denen Sie lieber den Rückzug gewählt haben. Haben Sie den Mut, Ihren Willen einzusetzen und zu gebrauchen.

Gerade im Gespräch mit Menschen können Sie lernen, Ihren Willen zu äußern und zu dem zu stehen, was Sie denken und meinen. Sie können lernen, z. B. Ihre bisherige Anpassung aufzugeben und selbst zu überlegen, was Sie möchten und dies zum Ausdruck bringen. Das erfordert Mut und kann dazu führen, dass Sie für andere unbequemer werden. Aber Sie gewinnen Profil, und Ihre eigene Selbstachtung wird zunehmen.

Den Verstand gebrauchen lernen

Unser Verstand ist ein wichtiges Instrument, um unsere Gefühle und Gedanken zu sortieren, uns Gottes Willen klarzumachen und seine Wahrheit über unser Leben zu entdecken. Der Verstand kann unser Gefühls- und Gedankenchaos durchdringen, in dem wir uns öfter befinden. Er ist aber nicht allein in der Lage, den Zugang zu unserem Herzen und zu den verborgenen Bereichen zu finden. Das vermag nur das Zusammenspiel von Gefühlen, Gedanken und unserem Willen. Aber wir können unseren Verstand öffnen für Gottes Weisheit, damit seine Wahrheit tiefer in uns eindringt und das Verborgene ans Licht bringen kann.

Entdecken Sie Ihre Spur!

- In welchen Situationen empfinden Sie ein blockiertes Denken?
- Welche Punkte Ihres Lebens möchten Sie durchdenken, fühlen sich aber dazu nicht in der Lage und kommen auch nicht weiter?
- Wie denken Sie über Ihren Glauben, Ihr Handeln und Ihr Leben? Woher könnten negative Gedankengänge kommen?
- Können Sie Ihre Meinung vor sich selbst stehen lassen und sie auch vor anderen vertreten?

Beginnen Sie, sich darin zu üben: Unterhalten Sie sich mit Freunden über alltägliche Dinge, über politische Ereignisse, über die unterschiedlichen Beziehungen, und finden Sie Ihre eigene Meinung heraus. Versuchen Sie, diese Meinung auch zu vertreten und auszudrücken. Dann liegt vor Ihnen ein weites Feld, für das Sie Verantwortung übernehmen können.

> „Es war unerlässlich, dass ich viele Themen durchdachte, mir eine eigene Meinung bildete, mich gedanklich auseinandersetzte und Gedanken zu Ende dachte. Ich erforschte die Ursache und Wirkung meiner Überzeugungen, meines Lebensstils, meiner Gefühle, und lernte sehr viel über mich und den Menschen im Allgemeinen."
> Maria

Unser Gewissen

> „Das Gewissen ist das einfachste und eindeutigste Zeichen für die besondere Würde des Menschen. In ihm haben wir das zu sehen, was den Menschen erst zum Menschen macht."
> Ole Hallesby

Gott weckt unser Gewissen auf, wenn wir zum Glauben kommen. Es wird geöffnet für Gottes Wahrheit und Wirklichkeit. Aber es bedarf immer wieder einer Korrektur am Willen Gottes und seiner Liebe, da das Gewissen sonst in mancherlei Verwirrung hängen bleibt. Es kann verbogen und falsch geprägt sein. Wir können Schuldgefühle haben, die bei näherem Besehen aus negativen Prägungen heraus entstanden sind, die wir aus unserer Kindheit aufgenommen haben.

Wir können andererseits schuldig werden, ohne es zu merken, weil wir gar keine Gewissensbildung erfahren haben.

So kann es z. B. sehr verwirrend sein, wenn wir beginnen, uns selbst wahrzunehmen und uns Gedanken über uns selbst machen. Wir bekommen das Gefühl, egoistisch zu sein. So unterlassen wir es lieber, bis uns Krisen in unserem Leben daran erinnern, dass wir von Gott gewürdigt wurden, uns um uns selbst zu kümmern und für unser eigenes Leben Verantwortung zu übernehmen. Andererseits machen wir uns ohne Gewissensbisse an uns selbst schuldig und gleichzeitig an anderen Menschen, wenn wir beispielsweise bis zum Umfallen arbeiten und uns nie darum kümmern, wo unsere Grenzen liegen und welche Verantwortung wir noch für die uns Anbefohlenen haben.

Unser Gewissen braucht die Prägung durch die Wahrheit und Liebe Gottes. Und diese Prägung entsteht weder durch ein gesetzliches Denken von Gehorsam und Ungehorsam, noch durch ein Erleben von besonderen Offenbarungen Gottes. Diese Prägung entsteht durch Beziehung: Gott möchte mit uns in eine Beziehung treten. Er wohnt in unseren Herzen und möchte uns in seinem Erbarmen und in seiner Wahrheit begegnen. Das macht uns frei von den falschen Prägungen unseres Lebens.

Ich habe Menschen in der Seelsorge getroffen, die die Bibel nur durch die Brille ihrer verbogenen Prägungen lesen konnten und nie eine wirkliche Begegnung mit Gott erfahren haben.

- Was können Sie über Ihr Gewissen sagen?
- Welche Gewissenskonflikte sind Ihnen vertraut?
- Welche Schuldgefühle plagen Sie?
- Kennen Sie die Unterscheidung zwischen Schuld und falschen Schuldgefühlen?
- Welche Bereiche Ihres Lebens sollten Sie an der Wahrheit und Liebe Gottes ausrichten?

Gott möchte, dass Sie leben – nicht nur zum Teil, sondern als ganzer Mensch, mit allen Lebensbereichen. Er ruft Sie heraus aus Ihrer Resignation und dem Gefühl der Verzagtheit, hinein in das volle Leben.

Und Leben bedeutet immer beides: tiefe Freude und Glück und gleichzeitig Schmerz und Leid.

Frieder Gutscher hat ein Lied geschrieben, das Sie in Ihrem Herzen berühren kann:

Schon lange sah ich dich dort liegen
in deinem Schmerz – in deinem Blut
mit offnen Wunden – aufgerieben
einem Herzen voller Zweifel und Wut

Von gierenden Blicken ausgezogen
ausgeraubt – und ohne Halt
hat man dich um dich selbst betrogen
dich nicht gesehen – nie dich gemeint

Wie eine wilde Blume
wuchsest du auf und wurdest groß
kamst in die Jahre deiner Jugend
du aber warst noch nackt und bloß

Der Willkür schutzlos preisgegeben
als hättest du kein Recht da zu sein
als müsstest du sühnen für dein Leben
so bliebst du mit dir selbst allein

Irgendwann kamst du dann auch zu Ehren
mit dem Erfolg hat man dich auch anerkannt
man begann dich zu bewundern – zu begehren
du wurdest beliebt und interessant

mit deiner Schönheit, deinen Gaben
mit deinem Charme und deinem Scherz
doch eigentlich wollte niemand dich haben
nur deine Hülle, nicht dein Herz

Jetzt liegst du wieder mal am Boden
ausgebrannt und ausgezehrt
hast dich selbst auf deinem Weg verloren
schon lange dich nicht mehr gespürt

Die Tage deiner Kindheit – vergessen
als müsstest du vor irgendetwas fliehn
dich selbst erfinden und beweisen
in deiner Angst nicht zu bestehn

Ich aber will, dass du lebst
aus Zerbrochenem aufstehst
du sollst werden wachsen, aufrecht gehen
Blüten tragen, Früchte sehn
Ich will dass du lebst
nicht an alten Wunden klebst
dich nicht länger mehr versäumst
indem du nur dein Leben träumst

Gott hat uns eine Würde verliehen

Die Würde ist der von Gott geschenkte Zuspruch an den Menschen, dass er in allen seinen Persönlichkeitsmerkmalen wertvoll ist und deshalb der sein darf, der er ist. Seit dem Sündenfall ist jedoch jeder Mensch in unterschiedlichem Ausmaß durch eigene und durch zugefügte Schuld von der Würde abgeschnitten und benötigt Heilung und Wiederherstellung.

Das Bewusstsein über die eigene Würde kann verloren gehen, nicht aber die Würde selbst, die Gott gegeben hat. In Gottes Wort wird das Wort „Würde" oftmals mit „Ehre" übersetzt. In der Übersetzung *Hoffnung für Alle* finden wir das in diesen Worten: „Wie klein ist da der Mensch! Und doch beachtest du ihn! Winzig ist er, und doch kümmerst du dich um ihn! Du hast ihn zur Krone der Schöpfung erhoben und ihn mit hoher Würde bekleidet. Nur du stehst über ihm." (Ps. 8,5.6)

Wir sind zu Gottes Ebenbild geschaffen, aber durch den Sündenfall entstand ein großer Schaden in unserem Herzen. Durch Jesus Christus sind wir jedoch erneuert worden – und ER stellt unsere Würde wieder her. Er möchte in einer tiefen Beziehung zu uns leben und in uns das Bewusstsein unserer Würde wieder aufwecken.

Was meinen Sie?

* Was könnte in Ihrem Leben das Bewusstsein Ihrer Würde geraubt haben? Gab es Grenzverletzungen, beschämende und entwürdigende Erfahrungen?
* Welche Schuld hat dazu beigetragen, dass Sie sich selbst verachten und entwürdigen?
* Welche Verletzungen durch Menschen könnten Ihre Würde angetastet haben?

Unsere Selbstgespräche offenbaren oftmals die eigene Entwürdigung. Wir gehen verächtlich mit uns selbst um, können uns selbst nicht stehen lassen. Lebensvernichtende Gedanken können unser Leben bestimmen. Hören Sie sich selbst einmal zu! Vielleicht sind Sie erstaunt, wie verurteilend und herabsetzend Sie mit sich selbst umgehen. Und wie leicht bestimmt das auch Ihr Miteinander mit anderen Menschen. Sind Sie schnell dabei, andere zu verurteilen, oder gestehen Sie ihnen ihr Anderssein zu?

Wie wir mit anderen Menschen umgehen kann ein Spiegel dafür sein, wie wir mit uns selbst umgehen. Aber es kann auch durchaus sein, dass Sie geduldig und barmherzig mit anderen umgehen, aber dieses Verhalten für sich selbst nicht kennen.

Manchmal kann eine kreative Übung hilfreich sein, die so aussehen kann: Sie setzen sich einer Puppe oder einem Stofftier gegenüber und sagen zu ihr diese negativen Sätze, die Sie zu sich selbst oft sagen. Dadurch wird Ihnen bewusster, wie feindselig Sie mit sich selbst umgehen. Das können Sie auch in der Seelsorge machen, im Beisein des Seelsorgers. Sie können gemeinsam überlegen, welche Gründe solch ein würdeloser Umgang haben könnte und finden vielleicht einen Zugang zu den „Stimmen" und Prägungen, die Sie z. B. von Ihren Eltern aufgenommen und verinnerlicht haben.

Sich selbst annehmen

Sich selbst annehmen lernen – das ist eine wichtige Übung und durchzieht den gesamten Prozess der Veränderung und Entfaltung. Dass Sie der Stimme der Verachtung glauben, geschieht oft ganz automatisch. Wenn Sie diese Stimme entdecken, sagen Sie „Stopp" – und setzen Sie dieser Stimme Ihr Ja zu sich selbst entgegen. Versuchen Sie immer wieder, Ihre Art zu denken, zu fühlen und zu handeln auszuhalten und stehen zu lassen. Gott nimmt uns brutto an. So können wir es auch tun. Seine Liebe und sein Respekt sind allumfassend, aber wir haben es uns dummerweise angewöhnt, die Bereiche in unserem Leben auszublenden oder zu verachten, die wir nicht mögen. Wir übersehen dabei leicht, dass diese Selbstverachtung wie Unkraut ist, das den gesamten Garten überziehen kann. So können wir die Schönheit und das Kostbare unseres Lebens kaum wahrnehmen. Und die Verletzungen, die die Ursache dafür waren, bleiben ungeheilt in unserem Leben. Und so können unsere Reaktionen auf diese Verletzungen und den Verlust unserer Würde ungehindert weitere Zerstörung in unserem Leben anrichten.

Hier gilt es „umzuschalten"!

Selbstannahme ist ein mutiger Schritt, der Wahrheit ins Auge zu sehen. Auch hier haben wir Gott wieder ganz auf unserer Seite. Er verdammt uns nicht. Er steht nicht als strenger Richter vor uns, sondern als liebender Herr.

„Wenn Gott für uns ist, wer kann dann gegen uns ein? Gott, der für uns seinen eigenen Sohn geopfert hat, sollte er uns noch etwas vorenthalten? Wer könnte es wagen, die Auserwählten Gottes anzuklagen? Niemand, denn Gott selbst hat sie von aller Schuld freigesprochen. Wer sollte es wagen, sie zu verurteilen? Keiner, denn Christus ist für uns gestorben, ja noch viel mehr: Er ist vom Tode auferweckt worden und tritt jetzt vor Gott für uns ein." (Röm. 8,31-34)

Gott kennt die Wahrheit über unser Leben. Er kennt unsere Schuld genauso wie die Schuld, die Menschen uns zugefügt haben. Er kennt Ihre Reaktionen, Ihre Flucht, Ihre Not, Ihre Verzweiflung und

Verwirrung. Darum lädt er Sie ein, die Wahrheit Ihres Lebens anzuschauen, die Trümmer wahrzunehmen, aber auch die Schönheit, die er in Ihr Leben gelegt hat.

Als Nehemia nach Jerusalem kam mit dem Auftrag, die Mauern wieder aufzubauen, tat er als Erstes Folgendes: Er ging in der Nacht alleine umher und sah sich die Trümmer an (Neh. 2,11-15). Denn nur wenn er sich einen Überblick verschafft hatte über das Ausmaß der Notlage konnte er beginnen, Neues aufzubauen.

Und so möchte ich Sie ermutigen: Schauen Sie ehrlich in Ihr Leben und versuchen Sie das anzunehmen und stehen zu lassen, was Sie sehen. Fragen Sie andere, die Sie gut kennen und denen Sie vertrauen, damit Sie das Schwere und das Schöne in Ihrem Leben wahrnehmen lernen.

- Welche Stärken, Fähigkeiten und Gaben machen Ihr Leben reich?
- Für was schämen Sie sich besonders?
- Welche guten Eigenschaften sind bei Ihnen schon zur Entfaltung gekommen?
- Was macht Ihnen in Ihrem Leben und Charakter besonders zu schaffen?

Verantwortung übernehmen

Nun sind Sie mit vielen Fragen konfrontiert gewesen. Vielleicht hat Sie manches sehr aufgewühlt und beunruhigt. Legen Sie alles in Gottes Hand und laden Sie ihn ein in Ihre Ängste und Ihre Gefühle. Bitten Sie ihn darum, dass er Sie an die Hand nimmt, um Klarheit zu gewinnen. Sprechen Sie mit Ihrem Seelsorger darüber. Vielleicht sind Sie besonders mit Hindernissen und Widerständen konfrontiert, die Ihnen zu schaffen machen. Nehmen Sie auch das an und vertrauen Sie darauf, dass Wachstum Zeit braucht. Haben Sie Geduld mit sich … und verlangen Sie nicht, dass Sie alles gleich auf einmal verstehen und neues Land gewinnen!

Freuen Sie sich aber über alles, was Sie entdecken – sei es nun schön oder nicht so angenehm. Es gehört alles zu Ihrem Leben. Das Leben, das Gott Ihnen gegeben hat. Er möchte Sie zur Entfaltung bringen und das Verwundete heilen.

Entscheiden Sie sich dafür, die Verantwortung für Ihr Leben anzunehmen. Treffen Sie Entscheidungen und stehen Sie dazu. Überlassen Sie es nicht mehr irgendwelchen Menschen, die es scheinbar besser hinkriegen als Sie. Vertrauen Sie darauf, dass auch Ihr Leben zur Entfaltung und zu der Bestimmung findet, die Gott nur für Sie alleine vorgesehen hat. Stecken Sie Ihre Grenzen und hören Sie auf Ihr Herz, aber öffnen Sie sich auch für gute und heilsame Weisung. Lassen Sie sich anstecken von der Hoffnung, die auch andere schon ergriffen haben.

> „Ich merkte, dass ich kein inneres Bewusstsein von mir selbst hatte. Ich war nicht bei mir zu Hause, sondern abwesend. So wie wenn ein Haus zwar eingerichtet ist, aber leer steht.
>
> Das hat mich sehr verunsichert und ein tiefes Mangelempfinden in mir bewirkt. Diesen Mangel habe ich versucht, durch emotional abhängige Beziehungen zu Frauen zu stopfen. Das hat natürlich nicht funktioniert.
>
> Ich habe entdeckt, dass dort, wo ich mich der Verantwortung meines eigenen Lebens gestellt habe mit allen Konsequenzen (Verletzung, Schuld, Unreife, Fragen …), dieses innere Bewusstsein in mir gewachsen ist. Heute gibt es eine innere Stimme, die mir sagt, dass ich ich bin. Und doch würde ich nicht sagen, dass meine Identität etwas Abgeschlossenes ist. Das Bewusstsein meiner selbst wächst und verändert sich weiter." Daniela

Herausforderungen annehmen

„Das alles kann ich durch Christus, der mir Kraft und Stärke gibt." (Phil. 4,13)

In Ihrem beruflichen oder familiären Alltag, im Umgang mit anderen Menschen, im Dienst für Gott und in allen Aufgaben, in denen Sie stehen, kommen viele Herausforderungen auf Sie zu. Vielleicht fühlen Sie sich manchmal gezwungen, sich diesen Herausforderungen zu stellen. Vielleicht merken Sie ein inneres Klagen und Jammern, weil Sie sich so überfordert fühlen. Ich möchte Sie ermutigen, aus der Ohnmacht und dem Gefühl, das Leben nicht zu schaffen, herauszutreten. Beginnen Sie den Tag mit der Entscheidung: „Ich möchte die Herausforderungen, die heute auf mich zukommen, annehmen und sie aktiv gestalten". Das mag auf den ersten Blick nicht so einfach erscheinen, und es wird Ihnen auch nicht sofort in allen Bereichen gelingen, aber probieren Sie es aus. Vielleicht entdecken Sie dann noch tiefere Wahrheiten, die wichtig sind.

Nehmen Sie vielleicht Verantwortung wahr für Dinge, die Sie gar nicht tragen müssten? Fühlen Sie sich für alles zuständig – vor allem auch dafür, dass andere sich wohlfühlen? Denken Sie, Sie müssten immer alles ganz top machen und dürften sich keine Fehler erlauben? Ist Ihnen die Anerkennung anderer wichtiger als Ihr eigenes Leben? Ist das wirklich das, was Sie wollen?

Gott kann Ihnen helfen, Ihre Lasten zu sortieren und auch welche loszulassen, die gar nicht „Ihre Sache" sind.

Vielleicht sind Sie aber mehr ein Mensch des Rückzugs und lassen lieber andere machen? Der Gedanke: „Das kann ich sowieso nicht!" prägt Sie eher ... und deshalb lassen Sie es lieber gleich sein.

Gott möchte Sie ermutigen, Liegengebliebenes zu tun, die „lange Bank", auf die Sie vieles abgeschoben haben, abzuschaffen und die Lethargie und Passivität zu durchbrechen.

Fragen, die Sie weiterbringen, können sein:

* Welche Herausforderungen haben Sie bisher angepackt? Welchen gingen Sie lieber aus dem Weg?
* An welchen Stellen wagten Sie nicht, Nein zu sagen, weil Sie meinten, die Erwartungen anderer erfüllen zu müssen?

Durchhaltevermögen entwickeln

„Mein Durchhaltevermögen war schwach. Ich merkte: Oft fange ich Dinge an und führe sie nicht zu Ende. Oft schiebe ich unangenehme Dinge auf. Aus Angst vor Menschen habe ich viele Dinge nicht getan. Meine Unsicherheit war größer als mein Wille, etwas zu tun. Wenn ich aber etwas durchgezogen habe, bestärkte das meinen Willen und half mir, andere unangenehme Dinge anzupacken."
Björn

Unser Durchhaltevermögen entwickelt sich, wenn wir uns auf dem Weg immer wieder ermutigen lassen, dem Prozess des Nachreifens nicht auszuweichen. Einfach nicht aufgeben und weitermachen – so lautet die Devise. Immer wieder die Herausforderungen anpacken, zur eigenen Meinung stehen, sich wehren lernen gegenüber Menschen, die uns manipulieren oder kontrollieren wollen, unseren Willen einsetzen, nach Antworten auf unsere Fragen suchen.

Henri Nouwen ermutigt:

„Wenn alles, was du meintest erreicht zu haben, plötzlich wie verflogen ist, verzweifle nicht. Der Weg deiner Heilung verläuft nicht nur schnurgeradeaus. Du musst auf tote Punkte und Rückschläge gefasst sein. Sag dir nicht: ‚Alles ist vergebens. Ich muss wieder ganz von vorn anfangen!' Es stimmt nämlich nicht! Was du erreicht hast, ist erreicht!"

Nachreifen ist wie ein fortwährendes Training. Zwar wäre es leichter gewesen, die Entwicklungsschritte zum normalen Zeitpunkt zu gehen, aber nun können wir nüchtern zur Kenntnis nehmen, dass dies nicht ging. Aber wir nutzen nun „Plan B". Wir müssen nicht klagen und auch nicht resignieren, denn mit Gott an unserer Seite kann Neues wachsen. Das brachliegende Land in unserem Herzen können wir einnehmen, entfalten und entdecken. Wir wollen einfach nicht mehr aufgeben, sondern unermüdlich weiter forschen und entdecken; und wir werden uns mehr und mehr aufrichten – und entfalten. Und wir können ein Lob zu Gottes Ehre anstimmen, weil er so Großes an uns und mit uns tut.

Rückschläge gehören dazu

Es wird Zeiten geben, in denen Ihnen alles zu viel wird und Sie am liebsten aufgeben wollen. Sie spüren keine rasche Änderung Ihrer Situation und sind entmutigt. Sie bekommen es einfach nicht hin, in bestimmten Situationen anders zu reagieren, obwohl Sie es möchten. Vielleicht dauert es so lange, bis Sie einen Zugang finden zu Ihrem verwundeten Herzen. Geben Sie nicht auf, Rückschläge gehören zu dem Prozess dazu. Das geht anderen auch so. Wichtig: Bleiben Sie im Gespräch mit Menschen, die Sie ermutigen und die Sie auch in solchen Phasen aushalten und zu Ihnen stehen.

Gestehen Sie sich auch zu, keine Lust mehr zu haben. Freuen Sie sich an dem, was Sie schon erreicht haben. Sie werden wieder weitermachen, wenn Sie den Weg einmal angefangen haben.

Menschenabhängigkeit überwinden

Wir brauchen nicht mehr den Erwartungen anderer entsprechen und uns nicht irritieren lassen von ihrer Meinung und Kritik. Zwar ist es gut, immer offen zu bleiben für Korrektur, aber wir können lernen, zwischen den guten Impulsen und unberechtigter Kritik oder gar einer Manipulation zu unterscheiden.

Haben Sie den Mut, Ihre eigene Bestimmung zu entdecken. Sie sind ein Original Gottes und brauchen keine Kopie irgendeines Menschen zu sein, der dieses oder jenes besser kann. Menschen können uns wichtige Impulse geben, aber Sie brauchen nicht mehr zu ihnen aufschauen, sich mit ihnen vergleichen, um sich selbst zu bestätigen, dass Sie klein und minderwertig sind. Nein, Sie können selbst eine Frau oder ein Mann nach Gottes Herzen werden, Ihre Art leben, Ihre Gedanken denken und achten, Ihre Gefühle empfinden und achten. Lernen Sie, sich selbst gegenüber treu zu werden.

Schritte in die eigene Selbstständigkeit sind zwar nicht immer leicht, denn wir können auch Fehler machen und uns irren. Aber auch daraus können wir wieder lernen. Fehler zu machen ist keine

Katastrophe. Wichtig ist, dass Sie weitermachen. Dass Sie frei und unabhängig von Menschen Entscheidungen treffen lernen. Dass Sie den Mut finden, dies zu tun, auch auf die Gefahr hin, nicht mehr den Beifall anderer zu bekommen.

Auf diese Weise wächst die Fähigkeit, sich aktiv in eine Gemeinschaft zu integrieren. Sie können sie mitgestalten. – So kann jeder zu einem Menschen werden, der tiefe Gemeinschaft mit anderen erfährt, aber alle Konformität und Manipulation von sich weisen kann.

Noch einmal Henri Nouwen:

> „Es ist bedrückend festzustellen, wie schnell du deinen inneren Frieden verlierst. Irgendjemand, der in dein Leben tritt, kann plötzlich Unruhe und Angst in dir auslösen. Du hast geglaubt, du würdest in deiner Mitte ruhen …, du könntest mit Gott sein. Doch dann macht dich irgendjemand unsicher. Du fragst dich, ob du geliebt bist oder nicht. … Quäle dich nicht wegen deines ungenügenden geistlichen Fortschritts. … Offensichtlich ist es nicht gut, auf deine plötzlichen Emotionen einzugehen. Du brauchst sie aber auch nicht unterdrücken. Du kannst sie kommen und vorübergehen lassen. Du musst dich mit ihnen gewissermaßen befreunden, um nicht ihr Opfer zu werden. Der Weg zum ‚Triumph‘ liegt darin, dass du ein tieferes Empfinden von Geborgenheit und Zuhausesein entwickelst. Dann wirst du mit der Zeit so weit kommen, anderen nicht mehr so viel Macht zu geben. Sei nicht mutlos.“

An dieser Stelle möchte ich von einer Frau – nennen wir sie Edith – berichten, die schon jahrelang engagiert im christlichen Dienst stand. Sie kam sehr erschöpft in die Seelsorge und meinte schon in den ersten Gesprächen, dass sie schon sehr lange den Eindruck habe, dass mit ihr etwas nicht stimmen würde. Sie hatte eine große Sehnsucht nach Gottes Liebe, von der sie zwar wusste, aber in ihrem Herzen nichts davon spürte. Sie hatte schon immer sehr große Minderwertigkeitsgefühle und fühlte sich abhängig von Menschen. Ihr Gottesbild war geprägt von einem strengen Gott, der ihr sagte, was sie zu tun hatte.

Im Laufe der Gespräche fasste sie immer mehr Vertrauen und sprach viele ihrer negativen und für sie rätselhaften Gedanken und

Gefühle aus. Ich ermutigte sie, sich selbst ernst zu nehmen und Gottes Liebe ganz neu kennen zu lernen. Sie entdeckte immer tiefer, wie sehr sie sich von Menschen abhängig gemacht hatte, um geliebt und akzeptiert zu werden. Durch die Ermutigung, ihren eigenen Weg zu finden, entdeckte sie mehr und mehr die mangelnde Identität ihres Lebens, die Verletzungen aus ihrer Kindheit und die vielen Grenzüberschreitungen, die ihr Leben geprägt haben. Gott begegnete ihr in seiner Liebe über die Wertschätzung und Achtung, die sie durch mich erfuhr. Dies motivierte sie sehr, nun auch die Trümmer ihres Lebens anzuschauen und Heilung zu erfahren. Es waren keine einfachen Prozesse für sie, und manchmal hatte sie große Durststrecken, in denen sie aufgeben wollte. Aber sie ließ sich immer wieder ermutigen, zu lernen und zu reifen, in ein eigenständiges Denken und Handeln hineinzukommen.

Kreativität entdecken und entwickeln

Haben Sie schon Ihre ureigenste Kreativität entdeckt? Wir sind Ebenbilder Gottes. Gott ist unglaublich kreativ. Und welche Möglichkeiten hat er in Ihr Leben gelegt? Handwerkliches Arbeiten mit Materialien oder mehr den kreativen Umgang mit der Sprache? Kreativ in Problemlösungen oder kreative Möglichkeiten der Organisation? Es gibt unendliche Möglichkeiten. Niemand möge von sich behaupten, er sei nicht kreativ. Das ist gar nicht möglich. Entdecken Sie Ihre Art! Ist es die Musik oder die Kunst? Was macht Ihnen Spaß und geht Ihnen leicht von der Hand? Probieren Sie aus, was Ihnen liegt.

Umgang mit sich selbst lernen

Unsere Persönlichkeit lässt sich mit einem großen Orchester vergleichen: Sind die verschiedenen Instrumente aufeinander eingestimmt und hören auf den Dirigenten, ist es ein Genuss zuzuhören. Spielt aber jeder sein eigenes Stück oder – wie das zu Beginn eines Konzertes üblich ist – spielen sich alle Instrumente gleichzeitig ein, gibt es einfach nur große Dissonanzen.

Und so auch in uns: Wenn unser Verstand, unsere Gefühle, unsere Gedanken und Bestrebungen aufeinander eingestimmt sind und auf den großen Dirigenten Gott hören, dann tut dies unserer eigenen Seele und anderen Menschen wohl und ehrt unseren Schöpfer.

Zum richtigen Umgang mit sich selbst gehört auch, dass ich verzichten und zurückstehen kann. Nicht, weil ich gezwungen werde oder aus einer inneren Blockade heraus, sondern freiwillig, weil ich das möchte. Wenn sich bestimmte Wünsche und Bedürfnisse ständig in den Vordergrund spielen, dann entstehen Misstöne. Gerade eine unreife Persönlichkeit wird oft von kindlichen Wünschen bestimmt. Beispielsweise fühlen wir uns oft übergangen oder sind schnell verletzt, wenn wir nicht richtig verstanden werden. Wir ziehen uns zurück in unsere „Schmollecke" oder lassen den anderen spüren, dass er uns nicht richtig behandelt hat. Wir beginnen über Manipulation unsere Wünsche durchzudrücken. Die Liebe und Zuwendung, die dann im Erwachsenenalter von anderen eingefordert wird, wirkt sich negativ auf das harmonische Zusammenspiel aus. Nun bedeutet das nicht, diese Wünsche als kindisch abzulehnen. Wichtig ist nur, dass wir es lernen, sie als kindlich wahrzunehmen und zu identifizieren. Das eröffnet einen weiteren Zugang zu Verletzungen, die Gott heilen will. Durch ein offenes Gespräch mit einem anderen Menschen oder einem Seelsorger ergibt sich die Chance zu entdecken, woher diese Gefühle eigentlich stammen.

Ein guter Umgang mit mir selbst setzt auch voraus, dass ich meine Grenzen kennen gelernt und den Umgang mit Grenzverletzungen gelernt habe. Jeder Mensch braucht natürliche Persönlichkeitsgrenzen, die durch eine mangelnde Identitätsentwicklung teilweise aufgelöst sein können oder sich gar nicht gebildet haben. Das bedeutet, dass das entsprechende Empfinden nicht ausgebildet ist, sodass kaum wahrgenommen wird, wenn eine Grenzverletzung geschieht. Auch hier gilt es auf Entdeckungsreise zu gehen:

- Wo liegen meine Grenzen in meiner Kraft, meinem Wesen?
- Welche Nähe und welche Distanz möchte ich in Beziehungen?
- Wie kann ich Menschen zurückweisen, die ungefragt in mein Leben hineinsprechen?

Der Hintergrund können fortgesetzte Grenzüberschreitungen innerhalb der Familie sein. Wir haben unsere eigenen Grenzen nicht achten gelernt, weil sie in der Vergangenheit nicht geachtet wurden.

Im Anhang finden Sie ein Arbeitsblatt zum Thema „Meine Grenzen überprüfen". Es kann eine Hilfe sein, tiefere Klarheit für sich selbst zu gewinnen. Gott selbst hat Grenzen gesetzt – und so dürfen wir auch Grenzen setzen.

Gehen wir noch einmal zu dem Bild des Gartens zurück. Wir sprachen davon, dass jeder Garten in der Regel eine Umrandung und Abgrenzung hat, um ihn zu schützen und das Eigentum anzuzeigen. Kein Hausbesitzer würde sich freuen, wenn fremde Menschen über den Gartenzaun in den Garten einsteigen würden. Aber auch wenn wir Menschen in unseren Garten einladen, würden wir es nicht gut finden, wenn sie durch die Beete trampeln, sondern wollen, dass sie unsere ausgelegten Wege oder Wegsteine benützen. So ist wichtig, dass wir anderen Menschen zeigen, was wir möchten und was nicht, und uns gegen eine Verletzung wehren. Innerhalb des Gartens gestalten und walten wir und bebauen ihn so, wie wir in haben möchten. Wir können andere einladen, uns bei der Gestaltung zu helfen, aber es wäre nicht gut, sich diese Arbeit aus der Hand nehmen zu lassen.

Ein guter Umgang mit sich selbst bedeutet auch, sich selbst mit Wohlwollen und Nachsicht zu begegnen, sich zu respektieren und sich etwas Gutes zu tun. Dr. Jung drückt das so aus:

> „Wichtig ist, dass wir, anstatt zu hadern und in Selbstentwertungen zu schwelgen, lernen, uns selbst zu ‚bemuttern' und zu ‚bevatern'. Wenn wir das gelernt haben, können wir den Eltern auf gleicher Ebene, das heißt in der Erwachsenenperspektive, gegenübertreten. Wir können darauf verzichten, jene Verwöhnung und Zuwendung, die wir schon in der Kindheit vermissten, jetzt noch bekommen zu wollen. ... Sich be-

muttern heißt nichts anderes und nicht mehr, als genau das selbst für mich zu tun, was ich von meiner Mutter gerne gehabt hätte – also zum Beispiel mich ins Bett stecken, wenn ich mich schlapp fühle. Mir etwas Schönes kochen, mir ein kleines Geschenk mitbringen, liebevoll mit mir sprechen ...“

Verständnis und Akzeptanz

Auf diese Weise entwickelt sich zunehmend ein Verständnis für uns selbst. Wir spüren uns selbst und können lernen, damit umzugehen und auch andere dazu anleiten. Wir schaffen Raum für uns selbst, und – was das Schöne ist – andere Menschen finden Raum in unserem Herzen. Wir können sie willkommen heißen, sodass sie Heimat finden.

Es gibt bestimmte Kennzeichen für Menschen, die anderen Raum geben können. Sie können überlegen, wo Sie stehen. Es lohnt sich, solch ein Mensch zu werden:

- Können Sie andere in ihrer anderen Art achten und stehen lassen?
- Haben Sie Geduld mit anderen und können Sie ihnen wohlwollend begegnen?
- Fühlen Sie Ihre eigene Stärke? Können Sie Ihre Meinung vertreten und auch andere in ihrer Meinung stehen lassen?
- Vermitteln Sie anderen, dass Sie sie respektieren und achten?
- Wie steht es mit Ihrer Ausdauer und Treue in Ihren Aufgaben und Ihren Beziehungen?
- Macht es Ihnen Spaß, weiterzulernen und Neues zu entdecken?
- Haben Sie gelernt, den anderen verstehen zu wollen, bevor Sie ihn beurteilen?
- Ist Barmherzigkeit und Klarheit in Ihrem Denken und Handeln eingezogen?

Entfaltung durch Beziehung

In Beziehungen spürt man in besonderer Weise, wenn sich die eigene Identität nicht ganz entfaltet hat. Man wünscht sich tiefe und liebevolle Beziehungen und erlebt aber eher Konflikte und Missverständnisse. Probleme entstehen in der Ehe, in Beziehungen zu Leitern und in Beziehungen zu Freunden. Wie leicht übertragen wir unbemerkt frühere verletzende Erfahrungen auf andere Menschen! Entweder sollen sie uns all die Liebe und Fürsorge ersetzen, die wir nicht gehabt haben, oder wir reagieren mit Wut und Abwehr, um uns vor weiteren Verletzungen zu schützen.

Wer nun durch Vergebung und Versöhnung in einen Heilungsprozess hineinwächst, dessen Sicht verändert auch die aktuellen Beziehungen. Er lernt, sie aktiv zu gestalten und die eigene Verantwortung wahrzunehmen und kann andere mehr in ihrer Art sehen und angemessen mit ihnen umgehen.

Schauen Sie die Beziehungen, in denen Sie leben, einmal näher an. Fragen Sie sich selbst:

- Wie empfinden Sie diese Beziehungen in Familie, Beruf, Gemeinde, Bekanntenkreis? Welche Konflikte können Sie benennen?
- Welche Beziehung machen Ihnen zu schaffen und warum?
- Welche Reaktionen, die Sie in Ihren Beziehungen erleben, könnten Sie an Menschen erinnern, die Sie verletzt haben?
- Erwarten Sie unterschwellig in Ihrer Ehe bestimmte Verhaltensweisen, und sind Sie frustriert, wenn Sie sie nicht erleben?
- Können Sie in den unterschiedlichen Beziehungen Ihre Wünsche klar äußern und darüber ins Gespräch kommen?
- Welche Werte sind Ihnen in Beziehungen wichtig?
- Wie gehen Sie mit Konflikten um? Sind Sie bereit, den anderen zu verstehen? Und wie reagieren Sie, wenn Sie sich nicht verstanden fühlen?

Wir sind von Gott auf Beziehungen hin angelegt. Gott hat uns nicht als Einzelgänger erschaffen. Wenn wir uns aber für einen solchen

Weg entschieden haben, kann das ein Ausdruck dafür sein, nicht wieder verletzt werden zu wollen. Oder machen Sie sich – das andere Extrem – rasch abhängig davon, was andere von Ihnen denken oder denken könnten? Flüchten Sie in Beziehungen mit dem unterschwelligen Wunsch, endlich Erfüllung zu finden?

Vielleicht ist es gut, sich neu einzugestehen, dass man Sehnsucht nach guten und gesunden, tragfähigen Beziehungen hat. Das mag zunächst bedrohlich erscheinen. Doch die Entscheidung, sich auf Beziehungen einzulassen, setzt einen wertvollen und heilsamen Prozess in Gang: Wagen wir Vertrauen, dann kommen wir vielleicht mit unseren Wunden aus der Vergangenheit wieder in Berührung – nun aber bewusst, können sie erkennen, ausdrücken und so in eine Heilung hineinwachsen. Oder Sie entdecken, welche sehnsüchtigen Wünsche Sie in Beziehungen hineintragen, die den anderen überfordern. Auch das kann ein Zugang sein, Ihre innere Leere zu entdecken, die tief in Ihrem Innern verborgen liegt; so spüren Sie den Verlust aus früheren schmerzhaften Erfahrungen, die nun „abheilen" können.

Im Anhang finden Sie wieder ein Arbeitsblatt, für das Sie sich Zeit nehmen können, um sich mit Ihren unterschiedlichen Beziehungen zu beschäftigen. Es kann Ihnen helfen, in Ihrer persönlichen Identität und Entfaltung zu wachsen.

Ich möchte Sie ermutigen, Beziehungen nun zu pflegen – und dabei einen anderen Umgang mit Enttäuschungen und Verletzungen zu finden. Vorher haben Sie sich vielleicht nicht getraut, Beziehungen einzugehen. Oder Sie haben resigniert, weil Sie so viele Enttäuschungen verkraften mussten. Nun geht es darum, die Realität zu erkennen. Zwischen Menschen wird es immer Verletzungen geben. Menschen haben Ecken und Kanten – wie Sie und ich auch –, und die zeigen sich auch in unseren Beziehungen.

Beziehungen neu zu knüpfen kann leicht sein im Vergleich dazu, diese auch zu erhalten und zu pflegen. Man braucht Mut, Missverständnisse anzusprechen und sich nicht – wie bisher – zurückzuziehen.

Vielleicht haben Sie sich angewöhnt, Verhaltensweisen anderer

Menschen zu interpretieren – versuchen Sie stattdessen, auf Menschen zuzugehen und das Gespräch zu suchen. Wie leicht entstehen Missverständnisse, weil man es nicht wagt, offen aufeinander zuzugehen und nachzufragen! Und wie erleichternd ist es, etwas auszuräumen, das „dumm gelaufen" ist – und auf beiden Seiten den Wunsch nach einem guten Miteinander zu spüren.

Keine Frage: Es wird immer wieder einmal passieren, dass andere Sie enttäuschen und verletzen – wie auch Sie andere enttäuschen und verletzen werden. Es gilt für alle Menschen: Wir brauchen die Kraft der Vergebung, die Gott uns anbietet, und jedermann ist darauf angewiesen, dass wir einander vergeben. Dazu braucht es Mut – Mut, sich einzugestehen, dass ich mich verletzt fühle. Sicher ist es in guten Beziehungen auch möglich, dies anzusprechen mit dem Wunsch, die Situation zu klären. Aber es ist nicht immer möglich. Wir können lernen, anderen Menschen grundsätzlich in einer vergebungsbereiten Haltung zu begegnen. Das macht uns immun gegen Bitterkeit und erhöht unsere Lebensqualität in großem Maße.

Bleiben wir in einem ständigen Vergebungsprozess, geschieht etwas Erstaunliches: Unsere persönliche Empfindlichkeit nimmt ab. Aus dem Bewusstsein heraus, dass auch wir die Nachsicht und Vergebung anderer brauchen, sind wir bereit, Enttäuschungen und Verletzungen wahrzunehmen und sie nicht herunterzuschlucken. Wir können Sie Gott bringen, sie gewissermaßen „an ihn delegieren", und so selbst immer wieder in eine versöhnte Haltung hineinfinden.

Vor diesem Hintergrund wächst unsere Fähigkeit, andere so zu sehen, wie sie wirklich sind. Wir lernen sie schätzen und lieben. Und gleichzeitig lernen wir, wie wir uns Menschen gegenüber verhalten, die nicht die Gabe haben, richtig mit uns umzugehen. Solche Menschen wird es immer geben. Und es ist ein Zeichen der Reife, dass wir uns von solchen Menschen abgrenzen können, sodass sie gar nicht so dicht an uns herankommen können.

„Tiefere Beziehungen sind nicht leicht zu finden, sind mir aber dafür umso wertvoller. In diesen Beziehungen kann ich durch Reflektion gezielt lernen. Darum bitte ich immer wieder mal um eine Rückmeldung. Dies ist natürlich eine gefährliche Art des Lernens. Jedoch beobachte ich, wie Vertrauen wächst und Offenheit zunimmt."
Doris

Entfaltung durch Gottesbegegnung

Die Liebe Jesu entdecken

Immer wieder begegnet mir in der Seelsorge der Satz: „Ich weiß, dass Jesus mich liebt, aber ich spüre es nicht." Es scheint eine Wand zwischen dem Wissen und dem Empfinden zu sein, die daran hindert, Jesu Liebe bis zum Herzen vordringen zu lassen. Das wird als sehr schmerzlich empfunden. Im Laufe der Zeit meint man vielleicht, dass dies überhaupt nicht möglich ist, das Herz scheint irgendwie zugemauert zu sein, sodass Jesu Liebe es nicht erreichen kann.

Vielleicht geht es Ihnen auch so. Vielleicht verachten Sie sich selbst oder vielleicht klagen Sie Gott insgeheim an, dass Sie nicht weiterkommen und meinen gar, dass er Sie im Stich gelassen hat. Aber das ist nicht so. Eher hat man sein Herz unbemerkt durch mancherlei schmerzliche Erfahrungen verschlossen. Gleichzeitig möchte man nicht wieder verletzt werden. Daraus ist nun eine Abwehrhaltung geworden, die uns aber nicht mehr bewusst sein muss. Man schützt sich ungewollt – nun auch vor Gottes Liebe.

An dieser Stelle hat Gott sehr viel Geduld mit uns. Er möchte die Schutzmauern aufweichen und zu unserem Herzen vordringen.

Im Anhang finden Sie eine Beschreibung über die Beziehung, die Jesus zu uns hat. Beim Durchlesen können Sie überlegen, was Sie am meisten berührt.

„Ich habe immer gewusst, dass Jesus mich liebt (ich glaubte an ihn seit über 14 Jahren), aber mein Herz hat es nicht gespürt. Als Jesus begann, mich innerlich zu heilen, spürte ich zum ersten Mal seine große Liebe. Das war so eine tiefe Erfahrung, dass ich weinen musste ...“
Martina

„Gott liebt mich. Ich bin angenommen wie ich bin und habe eine Existenzberechtigung.“
Daniela

Falsche Gottesbilder erkennen und ablegen

Wenn es um unsere Vorstellung von Gott geht, dann sprechen wir oft von richtigen und falschen Gottesbildern. In der Regel beschäftigen uns mehr die falschen Gottesbilder. Christen, die ein richtiges Gottesbild haben, machen sich oftmals gar keine Bilder von Gott, sondern leben in einer vertrauensvollen Beziehung. Diese Beziehung kann vertieft und erweitert werden, denn in einer guten Beziehung gehen wir nicht davon aus, den anderen ganz zu kennen. Der andere darf uns überraschen mit Andersartigkeit, auch wenn es uns manchmal Mühe machen kann, uns darauf einzustellen. Es wird unser Vertrauen nicht so schnell in Frage stellen, wenn unser Gegenüber anders reagiert, als wir erwartet haben.

Ein Bild ist eigentlich eine Momentaufnahme. Bei einem Familientreffen beispielsweise machen wir gern Fotos, um eine Erinnerung an diesen schönen Tag zu haben. Oder bei der Hochzeit wird extra der Fotograf bestellt, um das Paar zu fotografieren. Nun würde wohl kaum einer davon ausgehen, dass die Personen auf diesen Bildern immer so aussehen oder so angezogen sind. Das ist uns selbstverständlich. Wir würden einem Brautpaar nicht mit Misstrauen begegnen, wenn es uns plötzlich in Alltagskleidung begegnen würde, der Braut der Schleier fehlt und keiner der beiden das verzückte und liebevolle Lächeln auf dem Gesicht hätte, das sie auf dem Bild haben. Wir haben eine Beziehung zu diesen Menschen, und das Bild erinnert uns an einen schönen Tag oder eine gemeinsam verbrachte Zeit.

Dass man sich ein Bild macht von Menschen ist ganz natürlich. Problematisch wird es nur, wenn man den anderen auf dieses Bild festlegt und nicht akzeptieren kann, wenn er sich anders verhält, als man es von ihm gewohnt ist. Man gesteht ihm nicht mehr zu, dass er sich ändern könnte. Der andere ist festgelegt. Er muss nun so reagieren. Reagiert er anders, ist man frustriert oder verunsichert.

So kann es sein, dass man negative Erfahrungen mit einem anderen Menschen gemacht hat, die man verletzend erlebt hat. Diese Verletzung wird zusammen mit der Erfahrung in unserem Gedächtnis gespeichert. Kommt dann vielleicht noch das Gefühl dazu, man konnte sich nicht wehren oder fühlte sich abgelehnt, ist die Erfahrung zusammen mit diesen Gefühlen in unserem Inneren gespeichert. Reagiert zu einem anderen Zeitpunkt ein anderer Mensch in ähnlicher Weise, wird die Erfahrung wieder hochkommen. Man kann dann aber nicht mehr differenzieren, sondern hat den Eindruck, der andere lehnt einen ab oder will einen sogar unterdrücken. So kann man sich diesem Menschen gegenüber nicht öffnen und auch seine Wertschätzung nicht entgegennehmen. Man glaubt ihm sein Wohlwollen schlicht und ergreifend nicht. Man hat das Bild von früher „auf ihn gelegt", aus dem man ihn nicht entlassen hat. Hat man z. B. verletzende Erfahrungen mit den Eltern gemacht, begegnet man vielleicht jeder Autoritätsperson mit Vorbehalten und Misstrauen. Ist die Mutter sehr vereinnahmend gewesen, erlebt man manche Frauen rasch genauso.

Diese beschriebenen Reaktionen im Umgang mit Menschen können den falschen Gottesbildern als Ursache zugrunde liegen.

Wir legen Gott auf unsere Erfahrungen hin fest, manchmal sogar auf unsere Interpretation von Erfahrungen. „Gott muss so und so handeln, sonst möchte ich mit ihm nichts zu tun haben", so denken wir insgeheim.

Oder wir übertragen Verletzungen, die wir im Zwischenmenschlichen erlebt haben, auf Gott. Unbeglichene Rechnungen von Groll und Bitterkeit anderen gegenüber sehen wir in dem, wie Gott sich verhält.

„Gott war für mich oft eine sehr unberechenbare Person, bei der man nie weiß, woran man ist. Mal liebend, mal kleinlich und gesetzlich, dann erdrückend oder sehr gleichgültig, manchmal gnädig – je nachdem. Also war ich im Gebet immer sehr unsicher, weil ich nicht wusste, wie er grad ‚gelaunt' ist. Ich war auch ihm gegenüber sehr misstrauisch und hielt einen inneren Abstand. Außerdem hatte ich Schuldgefühle ihm gegenüber."
Sabine

Oft wird gesagt: „Es ist ja klar, dass du kein positives Verhältnis zu Gott als deinem Vater aufbauen kannst, wenn du so negative Erfahrungen mit deinem Vater daheim gemacht hast."

Es stimmt: Das kann eine hilfreiche Erklärung sein und damit zum Verständnis meiner selbst beitragen. Aber dies bedeutet nicht, dass mein Bild von Gott nun nicht veränderbar wäre.

Nachreifung bedeutet an dieser Stelle, dass man lernt, zwischen der eigenen Reaktion auf die verletzenden Erfahrungen und der Beziehung zu Gott zu unterscheiden. Und dies wird möglich, wenn man die erlittene Verletzung verschmerzen und sich davon lösen kann.

Dann wird es möglich, mit Gott in ein tiefes Vertrauensverhältnis zu kommen und ihm zu glauben, dass er völlig anders ist als der Vater, der einen verletzt hat. Viele Menschen, die sich auf den schmerzhaften, aber lohnenswerten Weg der Veränderung gemacht haben, erleben das.

Nun möchte ich Ihnen einige Bilder von Gott vorstellen, die mir in der Seelsorge schon mehrfach begegnet sind.

Der strenge Richter

- „Er wartet nur darauf, ob er wieder etwas entdeckt, was ich falsch gemacht habe, damit er es mir vorhalten und sagen kann, dass ich doch ein schlechter Christ bin. Wenn ich ihn lieben würde, würde ich seine Gebote halten."
- „Mit erhobenem Zeigefinger steht er vor mir und gibt mir zu verstehen: ‚Unterstehe dich, dies zu tun, das ist Sünde.'"

Die Folge dieses Bildes ist, dass man ständig ein schlechtes Gewissen hat oder sogar unterdrückte Aggressionen. Die Beziehung zu Gott empfindet man nicht als befreiend, sondern hat eher Angst, etwas falsch zu machen. Zum Bibellesen muss man sich zwingen, viele Bibelstellen empfindet man als Angriff und hat die Furcht, dem Urteil des strengen Richters nicht genügen zu können.

Mit so einem Gott möchte man auf die Dauer nichts zu tun haben – verständlicherweise. Denn man wird ja ständig daran erinnert, dass man etwas falsch gemacht haben könnte. Angst und Auflehnung machen sich in unserem Innern breit, was aber nur das schlechte Gewissen noch mehr anfacht.

> „Die Beziehung zu Gott war nicht gut. Wenn ich einmal keine stille Zeit machte, hatte ich direkt ein richtig schlechtes Gewissen und dachte, Gott würde mich gleich bestrafen …"
> Martin

Der autoritäre Befehlshaber

* „Ich habe zu tun, was er sagt. Basta. So steht es ja in der Bibel. Eigene Gedanken sind nicht erwünscht. Mein Wille spielt keine Rolle. Hauptsache sein Wille geschieht in meinem Leben."
* „Wenn ich ihm nicht gehorche, geht es mir schlecht."

Wir sind gefangen und empfinden auch in dieser Gottesbeziehung keine Freiheit. Alles wird zum Zwang und daher lästig. Man entwickelt sich insgeheim oder sogar offen zu einem Rebellen. Man versucht sich vor Gott zu schützen und zieht sich zurück. Das Leben wird farblos und lethargisch. Wir kommen zwar von diesem Gott nicht mehr los, weil seine Botschaft uns erreicht hat. Wir glauben im Kopf an Kreuz und Auferstehung, aber es wird alles zum „Muss", das mein inneres Aufbegehren anstachelt. Mancher ist dabei schon vom Glaubensweg abgesprungen. Aber nicht deshalb, weil er Gott nicht nachfolgen wollte, sondern weil er *solch* einem Gott nicht dienen wollte. Verständlicherweise.

„Gott erschien mir als einer, der unheimlich viel von mir fordert, ohne mir zu helfen, dass ich das auch schaffen könnte. Er kam mir vor wie ein Antreiber, ein Tyrann. Ich wollte den Antreiber loswerden, weil er mir das Leben zur Qual machte, und hatte zeitweise große Angst, mich endgültig von ihm abzuwenden und dann verloren zu gehen."
Magdalene

„Für mich war Gott ein Gesetzgeber, und so hielt ich mich verkrampft an die Regeln."
Tamara

Der Spielverderber

- „Bestimmt muss ich den Weg gehen, der mir am wenigsten Spaß macht. Gottes Wege sind nur die Wege, die mir Mühe bereiten." So das entsprechende Credo.
- „Alles, was mir Spaß macht, nimmt er mir; die Wege, die ich niemals gehen würde, zeigt er mir."
  Diese Ansicht festigt sich oftmals durch Zeugnisse anderer: „Eigentlich wollte ich gerade diesen Weg niemals gehen, aber Gott hat mich überwunden." Den Ausdruck dafür, dass man sich innerhalb einer vertrauensvollen Beziehung zu Gott für Neues öffnen konnte, ordnet der Mensch mit dem Gottbild „Spielverderber" falsch ein und sieht sich bestätigt.
- „Es ist besonders geistlich, genau das Gegenteil von dem zu tun, was man gerne tun würde." So kann diese Vorstellung auf die Spitze getrieben werden.
- Oder noch eine Variante: „Wenn es mir gerade gut geht, kommt der nächste Schlag." Weil der Grundgedanke ist: Gott will offensichtlich gar nicht, dass es mir gut geht.
- „Ich habe mit Freudigkeit das Kreuz zu tragen." Spaß haben ist weltlich; schon allein das Wort ist anstößig.

Christen, die so denken, sind von großer Ernsthaftigkeit gekennzeichnet, die Respekt einflößen kann. Ein befreites Lachen findet man aber kaum – das ist ja viel zu oberflächlich. Und außerdem gibt es ja auch keinen Grund, befreit lachen zu können. Gott möchte ernsthafte und gehorsame Nachfolger, so das Bild.

Vielleicht spüren Sie, dass in jedem Gottesbild auch etwas Wahres liegt, aber die Vorstellungen sind irgendwie zur Einseitigkeit erstarrt – eben: zum Bild erstarrt.

Und deshalb verhindern sie ein lebendiges, wohltuendes und befreiendes Christsein. Schlimm wird es, wenn man diese Bilder tatsächlich für wahr und endgültig hält. Wenn man sie im Dienst an andere weitergibt. Gott will stets unseren Dienst segnen, aber mit einer solchen Vorstellung stehen wir in der Gefahr, andere in das Leid eines solchen starren Bildes von Gott hineinzuziehen.

Der Kumpel

- Es gilt das unausgesprochene Motto: „Mit Gott bin ich auf Du und Du." Ich schlage Gott innerlich auf die Schulter und sage zu ihm: „Wir zwei kriegen das zusammen hin."
- „Ich finde ihn einfach cool und er mich. Und wenn ich versage, dann drückt er ein bis zwei Augen zu. Er hat mich erlöst und befreit – nun ist alles klar."
- „Auf ihn kann ich trauen, er erfüllt mir meine Wünsche und gibt mir Kraft zum Leben."

Damit keine Missverständnisse aufkommen: Ich habe viele Christen kennen gelernt, die sich in ähnlicher Weise ausgedrückt haben, und sie hatten Jesus von Herzen lieb. Was also ist der springende Punkt?

Nicht an der Ausdrucksweise lässt sich das erstarrte Bild erkennen, sondern an der inneren Haltung, in der mit Gott umgegangen wird. Und die kommt erst nach einiger Zeit zum Vorschein. Dann erst zeigt sich, wie es z. B. um die Ehrfurcht vor dem Heiligen Gott bestellt ist.

Es wäre also nicht gut, sich wegen eines bestimmten Auftretens oder einer gewissen Wortwahl wiederum ein Bild zu machen. Durch eine Aussage wie „Das kann doch kein Christ sein, wenn er so und so redet" wurde schon manchem Christen Unrecht getan. Vorschnelle Beurteilungen, ohne den entsprechenden Menschen näher kennen gelernt zu haben, haben schon viele Verletzungen und Spaltungen in Gruppen und Gemeinden ausgelöst.

Wie könnte sich das erstarrte Bild von Gott als Kumpel zeigen? Es wird sich etwa in Notsituationen offenbaren – dann, wenn man Gott nicht mehr cool findet. Wenn man in einer Krise Gott nicht mehr versteht. Oder wenn man in bestimmten Situationen erlebt, dass Gott nicht so eingreift, wie man sich das vorgestellt hat. Dann kann man erkennen, dass man Gott auf die menschliche Ebene gezogen hat: „Er muss so handeln, wie ich mir das vorstelle". Tut er es nicht, bin ich frustriert und die anfängliche Begeisterung kühlt rasch ab.

Der liebe Opa

* „Seine Güte ist groß, ja unendlich. Er freut sich an uns."
* „Er korrigiert mich nicht und er meint es gut mit mir."
* „Er ist mir immer wohl gesinnt und steht ganz auf meiner Seite."
* „Er teilt Geschenke aus ohne Ende, seinen Reichtum habe ich von ihm geerbt. Und wenn ich zu ihm komme, dann lächelt er freundlich, streicht sich über seinen Bart. Er nimmt mich in den Arm und ich kann auf seinem Schoß sitzen und zur Ruhe kommen."

Das ist ein schönes Bild, viel Richtiges ist dabei – was fehlt? Die Erziehung und Herausforderung kommen nicht vor. So, wie leibliche Großeltern manchmal die Tendenz haben, ihre Enkel zu verwöhnen, so geschieht das auch hier. Gott ist zu einem Bild des „verwöhnenden Opas" geworden. Er gibt uns alles, was wir brauchen. Wir erleben keinen Mangel, müssen nicht verzichten und brauchen uns keiner Herausforderung stellen. Der liebe Opa macht ja alles für uns. Sätze wie „Der Herr wird es schon richten", „Wir legen alles in Gottes Hand" können das unterstreichen.

Gott in seiner Liebe fällt aber dann – bildlich gesprochen – aus dem Rahmen, wenn Krisen kommen. Wir verstehen Gott nicht mehr und sind enttäuscht. Wir können dadurch so irritiert werden, dass wir Gott den Rücken zuwenden. Wie ein kleines Kind können wir trotzig auf den Boden stampfen und fordernd werden. Aber Gott wollte „es nicht für das Kind richten", sondern er wollte es zu einem mündigen Christen erziehen, der Verantwortung übernehmen und tragen lernt. Und dazu braucht es Erziehung und Herausforderungen.

Der desinteressierte Vater

- „Er ist zwar mein Vater und das glaube ich auch, aber er schert sich nicht um meine Alltagsdinge", so denke ich vielleicht im tiefsten Inneren.

Wir meinen, er hat wichtigere Dinge zu tun. Er gibt mir Aufgaben, und dann kümmert er sich nicht mehr um mich. Meine Probleme sind ihm nicht so wichtig. Hauptsache, ich bin nützlich und bin ein „Werkzeug in seiner Hand". Hauptsache „ich bin brauchbar" in seinem Reich.

„Meine Bedürfnisse sind nicht entscheidend. Gott interessiert sich gar nicht dafür", so denken wir.

So wie ein Vater, der ein Kind in die Welt gesetzt hat und es dann nicht versorgt und pflegt, es nicht schützt und begleitet. Wie leicht kommen wir dann auf die falsche Spur, seine Anerkennung durch gute Leistung und Hingabe gewinnen zu wollen! Wir stellen uns völlig zurück, um seine Liebe zu bekommen.

> „Gott war zwar da, aber war für mich weit weg. Ich hatte Schwierigkeiten, Gott als den anzusehen, der mich liebt."
> Svenja

Das Bild von einem Gott, der sich nicht um unsere persönlichen Bedürfnisse kümmert, ist weiter verbreitet, als wir denken. Sätze wie „Du drehst dich zu sehr um dich, schaue auf Gott" oder „Wenn du von dir wegsiehst und anderen hilfst, dann geht es dir besser" verstärken in einem Menschen, der so geprägt ist, das Bild von einem Gott, der sich nicht um ihn kümmert. Die Folge ist, dass er nicht den Mut hat, Gott mit seinen Bedürfnissen und Nöten zu behelligen. Er kann sich nicht bei Gott fallen lassen, seine Liebe und seinen Trost empfangen. Tief in seinem Herzen lebt die Einstellung: „Ich bin nicht wichtig." Der Mensch verausgabt sich und will für Gott alles tun, denn er glaubt an ihn und weiß um die tiefe Wahrheit von Kreuz und Auferstehung. Und so dient er Gott, lässt aber unbemerkt nicht zu, dass Gott ihm dient, sich um ihn kümmert und für ihn sorgt.

Vielleicht haben Sie sich an dieser oder jener Stelle wiedergefunden. Ich möchte Sie einladen, Ihre Beziehung zu Gott ganz neu zu überdenken. Sie können sich dazu folgende Fragen stellen:

- Wie empfinden Sie im Moment Ihre Beziehung zu Gott? Ist sie vertrauensvoll oder mehr von Furcht geprägt?
- In welchen Punkten könnten verletzende Erfahrungen Ihr Gottesbild geprägt haben?
- Ist Ihnen tief in Ihrem Herzen klar, dass Gott Sie liebt? Wenn Sie das verneinen, woran könnte das liegen?

Sprechen Sie mit einem Seelsorger über ihre Beziehung zu Gott. Finden Sie sich nicht ab mit einer verkrampften oder gar angstvollen Beziehung. Gott hat mehr für Sie bereit. Er möchte Sie beschenken in seiner großen Güte und Sie gleichzeitig ermutigen, ihm vertrauensvoll zu begegnen. Er sehnt sich danach, mit Ihnen durch seinen Geist ins Gespräch zu kommen.

Verzerrte Frömmigkeit entdecken

Aufgrund mancher Prägungen und Erfahrungen gibt es unterschiedliche Möglichkeit, wie unsere Frömmigkeit verzerrt werden kann. Hinzu kommen bestimmte Prägungen in Gemeinden und Kirchen, von geistlichen Leitern und Vorbildern.

Gott möchte durch Jesus Christus mit uns in einer liebevollen und vertrauensvollen Beziehung leben. Er versorgt uns und hilft uns. Er fordert uns heraus, damit wir wachsen und reifen. Diese Beziehung ist nicht einseitig, sondern wir wachsen in ein tiefes Miteinander mit ihm hinein. Jesus drückt das so aus: „Bleibet in mir und ich in euch." (Joh. 15,4 LÜ)

Und ein Bleiben in ihm bedeutet, seinen Verheißungen und Wahrheiten zu vertrauen und im Bewusstsein seiner Liebe und Zuwendung zu leben.

Diese lebendige Beziehung kann blockiert werden durch eine einseitige Betonung von Gehorsam und Hingabe. Gehorsam und Hingabe an diesen großen und allmächtigen Gott sind *Teil* einer guten Gottesbeziehung, aber Gott möchte unseren freiwilligen Gehorsam und unsere Hingabe aus Dankbarkeit. Er übt keinen Zwang aus, sondern er möchte uns helfen, dass wir ihn als den liebenden und erbarmenden Gott erfahren. Das Umgestalten und leben in den Spuren seiner heilsamen Gebote geschieht durch eine Beziehung der Liebe und des Vertrauens, die uns zu einem freiwilligen Gehorsam führt. Und das braucht Zeit – und Gott hat sehr viel Geduld mit uns. Seine Gnade und Barmherzigkeit reichen tiefer und weiter, als wir uns das je vorstellen können.

Auch eine einseitige Betonung von geistlichen Handlungen und Prägungen kann diese lebendige Beziehung ersticken. Die „Stille Zeit", der Lobpreis, das Studium der Bibel, die Zugehörigkeit zu einer Gemeinde sind wichtige Dinge, um im Glauben zu wachsen. Wenn wir allerdings andere danach beurteilen, wie sie ihr Glaubensleben gestalten, ist es gut, vorsichtig zu sein mit (Vor-)Urteilen: Jeder Mensch hat in seiner Art einen anderen Zugang zu Gott, und es ist viel wichtiger, in unserer Art „in Jesus zu bleiben", als uns ständig ein schlechtes Gewissen zu machen, dass wir etwa nicht genug in der Bibel lesen.

> „Mein Leistungsdenken hat sich lange Zeit sehr negativ auf meine Sicht von Gottes Wort ausgewirkt. Ebenso meine Beziehungslosigkeit. Gott sagt, was ich tun soll – und ich muss das hinkriegen. Das ist sein einziges Interesse an mir. Außerdem hatte ich Probleme mit der Hingabe. Ich war nicht in der Lage, mich selbst aus der Hand zu geben und mich jemand anderem anzuvertrauen. Die Auseinandersetzung mit meiner

Prägung und meiner Lebensgeschichte hat aber letztlich auch dazu geführt, dass sich meine Beziehung zu Gott vertieft hat und reich geworden ist. Gottes Wort ist vertrauenswürdig und wahr und hält, was es verspricht."
Daniela

„Bei mir war es so, dass sich die mangelnde Identität in einer starken Hinwendung zu Gott äußerte. Das führte aber nicht zu einer gesunden und lebendigen Beziehung (dazu war ich gar nicht fähig), sondern zu einem stark gesetzlichen, asketischen Christsein. Mein Glaube, mein Gehorsam wurde mein Ersatz. Stille Zeit, Einsatzbereitschaft, Mitarbeit in der Gemeinde, Hingabe – es gab kaum etwas, worüber ich sonst nachdachte."
Maria

Gottes Elternschaft erfahren

Gott ist unser Vater und der Vater aller Väter.

„Derhalben beuge ich meine Knie vor dem Vater, der der rechte Vater ist über alles, was Kinder heißt im Himmel und auf Erden." (Eph. 3,14 LÜ)

Gott ist aber auch ein sehr mütterlicher Gott, der uns versorgt, sich uns zuwendet und tröstet.

„Ich will euch trösten wie eine Mutter ihr Kind." (Jes. 66,13)

Gott hat uns ebenbildlich geschaffen. Und er schuf uns als Mann und Frau. Und in seinem Wesen ist das männliche und weibliche vereint. In ihm haben wir die vollkommene Elternschaft. Gott ist der vollkommene Pädagoge und weiß, was wir brauchen. Er liebt und unterstützt uns, sorgt für uns, und seine Liebe hat eine Tiefe und Leidenschaft, wie wir uns das kaum vorstellen können. Er erzieht uns voller Sanftmut, aber auch voller Kraft. Er möchte uns dazu ertüchtigen, dass wir im Leben bestehen können, dass wir wachsen und reifen. Er wartet und freut sich auf unsere Mitarbeit.

Gottes Erziehung ist uns angenehm, aber auch manchmal sehr unbequem – wie das Kinder bei guten Eltern auch empfinden. Eltern, die ihren Kindern alles durchgehen lassen, zeigen kein wirkliches Interesse an ihnen. Und Eltern, die zu streng und autoritär sind, demütigen ihr Kind und entwürdigen es.

Gott handelt an uns weder lässig noch zu hart, aber wir werden mit seinem Handeln nicht immer einverstanden sein. Und doch hat er immer Gutes im Sinn. Bleiben wir in ihm, werden wir immer besser verstehen, was sein Ziel für uns ist.

„Haben uns nicht auch unsere leiblichen Väter gestraft, und wir haben sie trotzdem geachtet? Wie viel mehr müssten wir dann die Erziehung unseres göttlichen Vaters annehmen, der uns ja für das ewige Leben erzieht." (Hebr. 12,9)

Ich weiß, dieser Vers ruft nicht immer eine positive Reaktion in unseren Herzen hervor. Gerade die vielen Verletzungen in der erlebten Vaterschaft in der Familie haben uns vielleicht nicht gerade offen gemacht für die Erziehung durch unseren Gott. Aber auch wenn negative Erfahrungen mit unseren Vätern und Müttern das Bild von Gott verdunkeln können, ist die Erziehung Gottes gut – *wir* haben allerdings manchmal Mühe, sie vertrauensvoll aus seiner Hand entgegenzunehmen.

> „Heute ist meine Beziehung zu Gott eine persönlichere. Ich habe Gott als Gott kennen gelernt, der persönlich in mein Leben hineinwirkt, wo ich ihn darum bitte, ihn hineinlasse. Ich habe den Mut und die Freiheit gefunden, ich selber zu sein, zu mir selbst zu stehen, und die Beziehung zu Gott zu gestalten, indem ich meinen Willen unter seinen stelle. Ich bin immer noch Lernende darin … Ich habe begonnen, Gott als Vater und Mutter zu erleben."
> Maria

Gottes Elternschaft ist für mich eine Quelle reichen Lebens und Trostes geworden. Im Laufe meiner Nachreifung, Veränderung und Heilung schloss Gott mir immer tiefer auf, wie sehr er mich liebt und mich erzieht. Was meine leiblichen Eltern nicht für mich tun konnten, erlebte ich in der Beziehung zu ihm. Er wurde mir zum Vater und zur Mutter. Er hat mich in seine Familie aufgenommen und öffnete mir den Blick für meine Würde. Gott begegnete mir mit Achtung. Er gab mir das tiefe Gefühl, gewollt und angenommen zu sein. Er übergeht meine Grenzen nicht und stellt mich in einen weiten Raum der Freiheit und Liebe, in dem ich reifen und wachsen kann. Und dieses Reifen und Wachsen ist nicht abgeschlossen, sondern geht immer weiter und weiter. Er kümmert sich um mich und fordert mich heraus. Er liebt mich, auch wenn ich versage, und hilft mir wieder auf. Er stärkt mich in Schwachheit und gibt mir das Gefühl, dass ich das Leben schaffen kann. Das vertieft meine Liebe zu ihm immer mehr, und ich lerne, mich ihm anzuvertrauen und auch Krisen durchzustehen und sie als Reifezeiten anzusehen.

Gottes Wort enthält viele praktische Hinweise, wie wir unser Leben gestalten können. Im Buch der Sprüche wird Gottes Weisheit in besonderer Weise beschrieben. In der Einleitung dieses Buches steht: „Wenn du die Sprüche beachtest, wirst du lernen, dich im Leben zurechtzufinden. Sie helfen dir, dich selbst zu beherrschen, und machen dich fähig, gute Ratschläge zu erkennen und anzunehmen. Durch sie gewinnst du Einsicht; du lernst aufrichtig und ehrlich zu sein und andere gerecht zu behandeln. Wer jung und unerfahren ist, wird urteilsfähig, er bekommt das Gespür für gute Entscheidungen. Selbst wer darin schon geübt ist, kann noch dazulernen. Neue Gedankenanstöße können ihm helfen." (Spr. 1,2-5)

In diesem Buch der Sprüche rufen die Weisheit und die Torheit auf, ihnen Gehör zu schenken. Das Studium dieses Buches ist eine Fundgrube von Gottes unterstützender Erziehungsarbeit in Sachen Leben. Ich liebe die Sprüche, und immer wieder vertiefe ich mich gern darin, um zu lernen und zu wachsen.

Entfaltung durch Humor

Ein befreites Lachen auf dem Weg der Heilung ist mehr wert als viele Grübeleien. Humor schafft Distanz zu den schweren Erfahrungen der Vergangenheit. Er befreit von Verbissenheit und allzu großer

Ernsthaftigkeit. Wichtig ist nur, dass ich mich zuvor ernst genommen habe. Ein „Weglachen meiner negativen Erfahrungen" hilft nicht weiter, sondern wäre nur eine weitere Methode, um sich vor der Wahrheit zu schützen. Humor hat nichts mit Oberflächlichkeit zu tun, sondern er ist recht verstanden eine wesentliche Hilfe, um sich nicht im Nachdenken über all die Zusammenhänge in meiner Seele zu verbeißen.

Auf dem Weg der Heilung lerne ich mehr und mehr, Frieden mit mir selbst zu schließen. Ich lerne mich anzunehmen mit all meinen Eigenarten und auch mit den Gefühlen und Gedanken, die mir schwerfallen. Ich lerne sie loszulassen und finde zu einer inneren Distanz. Und dabei kann mir Humor helfen. Humor bedeutet nicht, dass mir nun nichts mehr etwas ausmacht, sondern dass ich mich davon nicht mehr bestimmen lassen muss.

> „Die junge Kellnerin stolpert und gießt einem älteren Gast etwas von der heißen Soße über die Glatze. Der Gast fährt herum, betastet seinen Kopf und fragt erstaunt: ,Glauben Sie wirklich, dass das noch hilft?'"

Zum Wesen des Humors gehört der Weltüberwindungsgedanke. Jesus hat für uns die Welt überwunden. Das heißt, selbst der Tod kann uns letztlich nichts mehr anhaben. Vom Blickwinkel der Ewigkeit her kann mir nichts mehr schaden. In Jesus habe ich *das Leben,* das den Tod überwindet. Dadurch habe ich die Chance, über die vielen alltäglichen Nöte und Krisen hinauszuwachsen. Alles wird in die richtige Perspektive gerückt: Mir kann keiner mehr tun, als Gott zulässt. Der Tod ist besiegt, ich kann – im Wortsinn – *getrost* zu Tode kommen, mit Jesus werde ich ewig leben. Das kann mir Gelassenheit geben.

Und im praktischen Alltag? Ich muss nicht mehr alles so persönlich nehmen, brauche Gesten und Äußerungen nicht auf mich beziehen.

Vielleicht überlegen Sie sich anhand folgender Fragen, wie hoch Ihr persönlicher Humorquotient schon ist:

* Wie steht es mit einer gesunden Distanz zu mir selbst?
  Kann ich über mich lächeln und lachen – und außer mir sein?

- In welchen Alltagssituationen neige ich dazu, die Sache so ernst zu nehmen, dass ich mich darin verbeiße und zu keiner inneren Distanz finde?
- Welche Kleinigkeiten sind es, die mich immer wieder „nerven"? Wo könnte ich mir stattdessen ein kleines Lächeln gönnen?
- Gibt es Situationen, in denen ich mich selbst weglache und dadurch nicht mehr ernst nehme?
- Bei welchen Themen ist mein Humor am Ende? Was könnten die Gründe dafür sein?
- An welchen Stellen spüre ich noch Schmerz und Bitterkeit?

Wenn ich in bestimmten Situationen keinen Humor habe, kann mir das aufzeigen, dass ich noch verletzt bin. Es gibt Situationen, da können wir einfach nicht lachen. Was uns dann berührt, tut uns weh. Es hilft weiter, dem auf den Grund zu gehen. Und wir müssen uns nicht allein auf den Weg machen!

Bitterkeit macht in der Regel humorlos. Wir haben keine Distanz mehr zu dem, was wir erlebt haben, sondern Bitterkeit bindet uns an die negativen Erfahrungen und macht uns unfrei.

Und ein Weiteres: Humor macht uns frei von dem Wahn, immer alles richtig machen zu müssen. Ein Leben aus der Gnade Gottes befreit mich von der Einstellung, ich könnte – wenn ich es nur wollte – alles richtig machen. Ich kann es nicht. Wenn es so wäre, dann bräuchte ich die Gnade gar nicht. Es ist uns Menschen schlicht nicht möglich, keine Fehler zu machen.

Nebenbei: Aus Fehlern lernen wir meistens mehr als aus allem, was uns gut gelingt. Das Motto „Felix error" (Glücklich, wer Fehler macht) befreit unser Leben. Wir brauchen nicht mehr verdrängen und fliehen; peinliche Situationen kommen erst gar nicht auf, denn ich kann herzhaft über mich selbst lachen oder einfach nur schmunzeln, wenn was danebenging – und weiter lernen und wachsen.

Und noch eins: Wer Humor hat, liebt mehr. Er nimmt sich nicht mehr so wichtig, gibt anderen Menschen Raum und vertraut auf Gottes Möglichkeiten.

„Die Einbildung tröstet die Menschen über das, was sie nicht sein können, und der Humor über das, was sie wirklich sind."
Albert Camus

Entfaltung durch Heilung

„Gott heilt den, der innerlich zerbrochen ist, und verbindet seine
Wunden." (Ps. 147,3)

In jeder Entwicklungsphase der Heilung können wir Gott einladen und ihn um seine Hilfe bitten. Ob wir von Ängsten gequält
werden, tiefe innere Schmerzen empfinden, unserer Verlassenheit begegnen oder ob wir das Gefühl haben, auf der Stelle zu treten: Gott
kümmert sich um uns. Er wird helfen, auch wenn es in der Regel kein
Schnellverfahren ist.

Trost in Trauer

Wenn uns immer deutlicher aufgeht, was uns in unserem Leben blockiert und unseren Reifeprozess gehemmt hat, werden wir traurig.
Wir stehen unserem Verlust gegenüber und begreifen in unserem
Herzen, dass etwa unsere Eltern nicht in der Lage waren, uns auf-
zufangen. Wenn wir den Schmerz und die Trauer zulassen können,
besteht die Möglichkeit, Trost und Heilung bei Gott zu finden. Gott
möchte uns begegnen mit seinem Trost. Dieser Trost reicht tiefer, als
je ein Mensch trösten kann. Und doch kann die Unterstützung und
Begleitung durch einen anderen Menschen so gut und hilfreich sein.
Und wir brauchen solche Menschen, die uns dazu ermutigen, unserer inneren Wahrheit zu begegnen, um tiefen Trost von Gott zu
erfahren!

„Geholfen haben mir dabei Gespräche mit Menschen, die mich und
meine Gefühle ernst genommen haben. Auch war es hilfreich für mich,
viel aufzuschreiben oder auch zu malen, um einen Bezug zu mir zu bekommen. Wichtig war dabei immer eine Atmosphäre der Sicherheit. Ich

habe viel mit Gott geredet, ‚an ihn hingeheult'. Und ich habe ganz real
erlebt, dass Gott zu mir gekommen ist und mich getröstet hat. Ein
Trost waren mir auch Menschen, die mich ermutigt haben, meine Gefühle ernst zu nehmen. Das hat mir auch geholfen zu unterscheiden,
was real ist und was gefühlsmäßig aufgebauscht ist, und hat geholfen,
zu mir und meinem Leben zu stehen. Letztlich war und ist es Gott, der
mich in diesen existenziellen Dingen tröstet, der mein inneres Kind zur
Ruhe führt. Bei ihm bin ich zu Hause, er nimmt meine Bedürftigkeit
ernst, und zu ihm kann ich jederzeit kommen. So kann ich austrauern,
Abschied nehmen und aus dem, was mir geblieben ist, etwas machen."
Daniela

Heilung von Wunden

Spüren Sie Verletzungen in Ihrem Leben, wenn Sie an Ihr Elternhaus
denken? Empfinden Sie tiefen Schmerz, wenn Sie an bestimmte Personen denken, die Ihnen nahe standen? Ich möchte Sie ermutigen,
diese Verletzungen auszudrücken und Gott zu bringen – mit der Bitte, sie zu heilen. Manchmal zeigt Gott Ihnen zunächst den Eiter in
der Wunde: die eigene Bitterkeit darüber und Härte, Selbstmitleid
und Abwehr. Lassen Sie das zu, und bitten Sie Gott um Vergebung.
Er wird die Wunde vom Eiter reinigen.

Dann erst haben Sie die Kraft, Gott auch zuzutrauen, dass er die
Wunde heilen kann. Ihr Wunsch wird geweckt, den Menschen zu
vergeben, die Sie verletzt haben; das wird Sie von Ihrer inneren Bindung an die jeweilige Person lösen. Gleichzeitig wird Ihnen auf-
gehen, welche Folgen diese Verletzungen für Sie hatten. Auch das
können Sie Gott bringen. Es ist ein allmählicher Prozess, in dem Sie
tiefe Veränderung erfahren. Das wird Sie in Ihrer Persönlichkeit
stärken und Sie weicher und barmherziger werden lassen. Gottes
Führung in diesem Prozess ist sehr behutsam. Wir brauchen nichts
erzwingen. Lassen Sie sich Zeit und vertrauen Sie sich immer wieder
Gottes Führung an. Sie werden Ihrer persönlichen Schwachheit begegnen, die sich aus der Verwundung heraus entwickelt hat. Sie können lernen, sie anzunehmen und auch damit vertrauensvoll zu Gott

gehen. Er wird Sie stärken, indem Sie lernen, damit umzugehen. Er wird Sie mit neuer Kraft ausrüsten. Oder er wird Ihnen die Sicht und die Bereitschaft geben, die Schwachheit anzunehmen und in Ihr Leben zu integrieren.

Tief greifende Veränderung

Eins ist sicher: Wenn Sie sich auf einen solchen Heilungsprozess einlassen, werden Sie mit der Zeit immer mehr verändert werden. Ihre Persönlichkeit wird sich entfalten und erneuern bis in die Tiefe Ihrer Seele. Sie spüren neue Kraft – die kommt von „Gott, der da lebendig macht die Toten und ruft dem, was nicht ist, dass es sei." (Rö. 4,17 LÜ)

Diesem Gott haben Sie sich anvertraut. Er kann die Grundlagen Ihrer Persönlichkeit erneuern und Sie aufrichten, damit Sie Ihre persönliche Bestimmung für Ihr Leben finden.

> „Gott löste Bindungen, setzte mich frei, ließ mich meine Gefühle erfahren, schenkte das Wunder der Einheit von Gefühl, Wille und Verstand, ließ Teile meiner Persönlichkeit nachreifen, schenkte mir eine Identität, vergab und vergibt mir meine Sünden, gibt mir die Kraft, anderen zu vergeben, beschützt mich in dem ganzen Prozess."
> Esther

> „Das Erkennen meiner eigenen Verletztheit hat mir den Blick geöffnet für die Verletztheit anderer, hat mir ein tiefes Erbarmen geschenkt und in mir den Wunsch gestärkt, Menschen mit Gott und mit sich selbst in Kontakt zu bringen, sie zu lieben und zu trösten. Ich möchte Hoffnung in die Welt tragen und habe eine ganzheitlichere Sicht von Evangelisation geschenkt bekommen."
> Maria

KAPITEL 6

DAS ZIEL DER ENTFALTUNG

Identität in Gott leben • Gott verherrlichen mit der ganzen
Persönlichkeit • Ganzheitlich leben • Versöhnt leben •
Gottes Auftrag erkennen und leben • Bruchstellen bleiben

Identität in Gott leben

Wie sieht das Ziel der Entfaltung aus? Ich will verschiedene Aspekte
nennen.

Auf dem Weg der Heilung haben wir Gott immer tiefer kennen
gelernt. Seine Hilfe, seinen Trost, seine Kraft und seine Liebe entdeckt. Nun können wir alles, was Gott uns geschenkt hat, unsere neu
aufgerichtete Persönlichkeit, vertrauensvoll in Gottes Hände legen.
Wir brauchen uns nicht mehr krampfhaft zu schützen – sein Schutz
umgibt unser Leben. Unsere Verletzungen sind mehr und mehr geheilt worden, und wir können Gottes befreiende Botschaft immer
tiefer in unser Herz aufnehmen. Wir sind seine Kinder und wir gehören zu einer weltweiten Familie Gottes.

„Denn für diese Welt seid ihr gestorben, aber Gott hat euch mit
Christus ewiges Leben geschenkt, auch wenn das jetzt noch verborgen ist." (Kol. 3,3)

Lassen Sie sich von Gott einhüllen. Er ist Ihr Schutz und umgibt
Sie. Sie können diesem Schutz innerlich nachspüren, indem Sie eine
Decke um sich legen und in Ihrem Herzen bewegen, dass Gott Sie
umgibt wie diese warme Decke.

Mein Leben in Gottes gute Hände legen, das kann ich aus dem Wissen und Gefühl heraus, dass Gott mich liebt und mich von allen Seiten umgibt. Gott lädt mich ein, in seine Art hineingeprägt zu werden. Aber es geschieht nur mit meiner Einwilligung. Gott drückt mir nichts auf. Von daher brauchen wir uns selbst nicht unter Druck zu fühlen. Seine Geschenke werden für mich kostbar. Ich kann mich daran freuen und nehme sie für mein Leben in Anspruch.

Ich lebe in ihm und er in mir. Meine Hoffnung ist Christus allein, nicht meine guten Taten oder mein Christsein. Ich bleibe unvollkommen, aber in ihm bin ich vollkommen. Und das kann ich im Glauben in Anspruch nehmen. Ich lebe aus der Gnade und aus der Beziehung zu Jesus, der für mich das vollbracht hat, was mir nicht möglich war.

Er nimmt meine Identität in seine liebevolle Hand und durchdringt sie mit seinem Geist und seiner Liebe. Er respektiert mich, missbraucht mich nie, übt auch keine Macht und Kontrolle über mich aus, sondern gibt mir die Freiheit, der Mensch zu werden, zu dem er mich bestimmt hat.

> „Meine Beziehung zu Gott ist in den letzten Jahren sehr viel intensiver geworden. Ich kann wirklich sagen, dass ich Gott liebe. Es gibt immer wieder Situationen, wo ich ihm gehorsam bin, auch wenn es mir nicht so leicht fällt. Und genauso bin ich so dankbar, dass ich bei ihm geborgen bin und einen festen Halt im Leben habe. Früher war die Beziehung zu Gott eine unter vielen. Aber in den letzten Jahren ist sie zu meinem Zuhause geworden. Ich wünsche mir immer mehr, Gott besser kennen zu lernen und mehr über ihn zu wissen."
> Elke

Gott verherrlichen mit der ganzen Persönlichkeit

Unser Wunsch vertieft sich, Gott mit unserer ganzen Persönlichkeit zu ehren. Ihm gehört unser Leben, das er verändert und erneuert hat. Ihn möchten wir lieben und ehren. Wir vertrauen uns seiner Führung an und lernen als reife und mündige Christen unter seiner Herrschaft und Liebe zu leben. Wir entdecken: Gott hat schon immer zu uns gestanden. Er musste nicht auf unsere Heilung warten. Er hat uns auf dem ganzen Weg über schon in seinen Dienst genommen, und unser Leben hat ihn verherrlicht. Nun aber können wir immer tiefer in dieses Leben hineinwachsen, das er für uns vorgesehen hat.

Ganzheitlich leben

Wir müssen uns nicht mehr über unser Tun und unsere Leistung definieren. Wir leben in Gott und haben Heimat in uns selbst und in ihm gefunden. Er ist unsere Mitte, und wir können unsere Gaben und Fähigkeiten entfalten und einsetzen. Wir brauchen nicht alles tun und haben unsere Grenzen entdeckt, die wir feiern können. Es wird klarer, welche Aufgaben wir anpacken wollen und können und für welche wir nicht geeignet sind.

Ganzheitlich leben bedeutet auch, aus dem Herzen heraus zu leben. „Aus dem Herzen quillt das Leben." (Spr. 4,23 LÜ)

John Eldrege schreibt in seinem Buch „Folge deinem Traum" Folgendes:

> „Alles echte Mitgefühl, alle sinnvolle Arbeit, alle echte Hingabe und alle Opferbereitschaft entspringen dem Herzen. In anderen Worten: Was immer das Leben lebenswert macht, entspringt unserem Herzen."

Ist unser Herz immer mehr geheilt von Verletzungen, sind unser eigener Schutz und unsere Waffen nicht mehr nötig, dann gelangen wir an die tiefsten Anliegen unseres Herzens und werden durch Jesus befreit, der Mensch zu sein, den er sich gedacht hat – ein wirklich ganzheitlicher Mensch, im Einklang mit sich selbst und mit ihm.

Versöhnt leben

Auch das kennzeichnet unsere entfaltete Persönlichkeit:

Wir leben aus der Versöhnung heraus, in die wir auch im alltäglichen Leben immer mehr hineinwachsen. Versöhnt mit Menschen, versöhnt mit unserer Biografie und dem Leid und der Not, die darin lagen. Wir sind tief versöhnt mit Gott und unser Vertrauen wächst.

Diese Versöhnung zu leben und ein Leben lang von ganzem Herzen darum zu ringen – dazu hat Gott uns befähigt. In diesem Prozess werden wir weiter wachsen und reifen. Wir sind dazu befreit, mutig zu lieben, in dem Wissen: „Unüberwindlich wie der Tod, so ist die Liebe." (Hoh. 8,6). Die Liebe ist stärker als Verletzung, Bitterkeit und Hass.

Gottes Auftrag erkennen und leben

Gottes Auftrag für unser Leben kann ganz unterschiedlich aussehen, wie wir eben als Menschen verschieden sind. Manche werden in besonderer Weise die Hoffnung und Liebe weitergeben, die sie selbst erfahren haben. Im alltäglichen Leben in der Familie, am Arbeitsplatz, in der Gemeinde und in vielen Begegnungen mit Menschen. Andere spüren eine gesellschaftliche Verantwortung in Bezug auf Politik und Wirtschaft. Andere setzen sich einfach in ihrer Familie und bei ihren Nachbarn ein und sind Lichtträger. Sie strahlen Mut, Kraft und Hoffnung aus, ohne sich dessen bewusst zu sein, und wirken ansteckend und anziehend auf andere Menschen.

Die Grundmelodie unseres Lebens ist nicht mehr die Leistung. Wir brauchen nicht mehr um jeden Preis nach Anerkennung zu streben oder uns zu beweisen. Wir haben eine innere Berufung, die sich in allen Situationen unseres Lebens widerspiegelt.

Bruchstellen bleiben

Zu guter Letzt: Bei aller Entfaltung bleiben in jedem Leben immer
Bruchstellen zurück. Das heißt: Wir werden Schwachheiten spüren,
Krisen erleben und weitere Verletzungen erfahren. Das Leben ist so
– bei uns genauso wie bei anderen Menschen. Und diese realistische
Einschätzung wird uns Kraft geben, im Vertrauen auf Gott weiter zu
wachsen. Wir brauchen uns selbst und dem Leben nicht mehr auszuweichen. Gottes Liebe und Gnade stärken uns.

„Es gibt nichts Größeres, als wenn jemand seine ganze Hoffnung
auf Gottes Gnade setzt und sich durch nichts davon abbringen lässt."
(Hebr. 13,9)

Damit können Sie zuversichtlich weitergehen in Ihrem „neuen
Leben".

Hanns Dieter Hüsch, der bekannte Kabarettist, hat einen Psalm
geschrieben, der wie für ein solches neues Leben gemacht ist:

Ich bin vergnügt
Erlöst
Befreit
Gott nahm in seine Hände
Meine Zeit
Mein Fühlen Denken
Hören Sagen
Mein Triumphieren
Und Verzagen
Das Elend
Und die Zärtlichkeit

Was macht dass ich so fröhlich bin
In meinem kleinen Reich
Ich sing und tanze her und hin
Vom Kindbett bis zur Leich

Was macht dass ich so furchtlos bin
An vielen dunklen Tagen

Es kommt ein Geist in meinen Sinn
Will mich durchs Leben tragen

Was macht dass ich so unbeschwert
Und mich kein Trübsinn hält
Weil mich mein Gott das Lachen lehrt
Wohl über alle Welt

ANHANG

SELBSTMITLEID

Vielleicht haben Sie sich schon einmal bei folgenden Gedanken ertappt:

„Niemand liebt mich!" „Alle sind gegen mich!" „Ich muss alles alleine machen!"

„Ich muss immer für andere da sein, keiner ist für mich da!" „Alle verlassen sie mich, keiner kümmert sich um mich!"

Vielleicht hat Sie dann eine Wolke von Traurigkeit überschwemmt und Sie haben geweint. Und je mehr Sie diesen Gedanken Raum gegeben haben, umso schlimmer wurde es.

Ich möchte Sie ermutigen, das Selbstmitleid in Ihrem Leben zu entdecken, um dann den Weg des echten Trostes zu finden. Für das Selbstmitleid gibt es verschiedene Kennzeichen:

- Ein ständiges Grübeln, ohne zu einem Ergebnis zu kommen. In diesem Grübeln kommen immer ähnliche wiederkehrende Gedankenabläufe vor, die mit dem resignierten „Da kann man nichts machen" oder „Das schaffe ich sowieso nicht" enden.
- Ein ständiges Um-sich-selbst-Kreisen. Die eigenen Probleme, Kümmernisse und Fehlschläge stehen im Mittelpunkt und werden immer wieder vor dem inneren Auge durchgespielt. Manchmal genügt ein kleiner Anlass der Frustration von außen, um diesen Kreislauf in Gang zu bringen.
- Versteckte oder offene Vorwürfe gegenüber Gott und Menschen, bestimmten Umständen oder dem Leben überhaupt. Entweder klagt man innerlich in seinem Herzen oder bringt die Vorwürfe immer wieder im Gespräch mit anderen Menschen vor. Das Besondere an diesen Vorwürfen ist, dass sie durch kein sachliches Argument entkräftet werden können.
- Man fühlt sich im Recht und sieht sich selbst als Opfer der Situation, fühlt sich unverstanden. Ermutigung prallt ab, weil man zuerst eine veränderte Situation haben möchte, bevor man zufrieden ist. Erstaunlich ist nur: Ändert sich die Situation

tatsächlich, stellt sich die Zufriedenheit trotzdem nicht ein. Man hat ganz schnell wieder einen neuen „Dorn im Auge" gefunden.

Selbstmitleid hat einen ernsthaften Hintergrund: Hinter jedem Selbstmitleid verbirgt sich echte Trauer.

Kann ich mir das Selbstmitleid eingestehen und in meinen Gefühlen und Gedanken entdecken, werde ich meiner eigentlichen Trauer und Verwundung begegnen. Selbstmitleid ist ein „Schutz", den ich unbemerkt in früheren Jahren aufgebaut habe – ein Schutz gegen meinen Schmerz, dem ich nicht mehr begegnen will. Aber nun behindert mich diese Reaktion, meine eigentliche Not zu erkennen. Sie wurde zu einer inneren Haltung, die mich innerlich aushöhlt. Sie macht einen je länger, je mehr unfähig für eine positive Lebenseinstellung, sie ruiniert gute Beziehungen und bewirkt eine permanente Unzufriedenheit.

Gottes Treue und Liebe werden angezweifelt, und das Denken, Gott wolle mir etwas nicht gönnen oder nähme mir etwas weg, wird immer stärker und belastet mein Vertrauen zu ihm.

Selbstmitleid hat viele Gesichter. Es ist ein Klagen, das sich tief in unsere Seele eingegraben hat.

Wie Selbstmitleid die Seele beeinträchtigt

Ich habe Gedanken, die über Zweifel klagen, negative und düstere Erwartungen haben, alle möglichen Ängste und Sorgen zum Anlass nehmen, um in diese Klage einzustimmen. Schlechte Erinnerungen oder Vorstellungen und Minderwertigkeitsgefühle in allen Variationen legen meine Gedanken und Gefühle lahm, erzeugen Gefühle der Ablehnung, niedergedrückte Stimmungen, Gefühle der Apathie, der Spannung, der Nervosität, der Fremdheit und der Einsamkeit.

Wie der Körper das Selbstmitleid zu spüren bekommt

Die „Dynamik der Klage" kann einen Menschen körperliche Beschwerden empfinden lassen, die durch ein bewusstes Bemühen des Willens nicht hervorgerufen werden könnten. Und diese Klage kann in körperlichen Leiden zum Ausdruck kommen, z. B. in Schlaf- und Bewegungsstörungen, Appetitlosigkeit, Schwierigkeiten beim Harnlassen, innerem Druck, Atemnot, Herzrhythmusstörungen, Asthmaanfällen, Ekzemen, Verkrampfungen und Schmerzen an inneren Organen.

So entstehen psychosomatische Beschwerden, die rein körperlich nicht erklärbar sind. Bei einem Gesundheitscheck etwa findet sich keine organische Ursache.

Eine der häufigsten Klagen ist die über die Müdigkeit. „Ach", seufzen wir, „wie bin ich so müde". Diese Selbstsicht, der arme Leidende zu sein, lässt die betreffende Person sich wirklich kraftlos fühlen.

Wie die Sicht von sich selbst betroffen wird

Ständig gibt ein selbstmitleidiger Mensch sich selbst die Schuld an allem, was geschieht, und klagt über die eigene Unfähigkeit. Er ist davon überzeugt, im Vergleich mit anderen weniger wert zu sein. Manchmal denkt er gar, er verdiene nicht einmal die Luft zum Atmen. Er kritisiert (griesgrämig) alles, was er selbst tut oder erreicht. Er hat an seiner äußeren Erscheinung immer etwas auszusetzen und hält sich für unwichtig. Die Handschrift zeugt von dieser Haltung, die Stimme zeigt seine innere Überzeugung. Er kritisiert die Familie, aus der er kommt, ihren Besitz, ihre Gaben und Fähigkeiten ... „Ach, nichts, was mir gehört, ist wirklich wertvoll", klagt er im Inneren. Er hat den falschen Ehepartner, die schlechteste gesellschaftliche Stellung, die ungünstigsten Arbeitsbedingungen, die schwierigsten Kinder.

Wie der Blickwinkel für andere einseitig wird

Der selbstmitleidige Mensch empfindet sich als Opfer – nicht selten als das unschuldige Opfer – gegenüber dem Handeln anderer Menschen oder der Situation, der er begegnet. Als Folge davon äußert er bittere Kritik: Niemand ist gut, nichts ist wertvoll. Man hört selten etwas Zustimmendes aus seinem Mund. Der selbstmitleidige Kritiker ist unleugbar davon überzeugt, dass seine Vorwürfe und Kritikäußerungen der Wirklichkeit entsprechen. Er denkt wirklich, dass er gute Gründe für sein Missfallen hat. Unabsichtlich kann er die gute Atmosphäre in einer Gruppe, einen glücklichen Tag, die Freude seines Ehepartners und seiner Kinder zunichte machen. Er gibt den anderen, den äußeren Umständen oder der Situation die Schuld an seinem Unglück, an dem, was in seinem Leben nicht stimmt, was in zwischenmenschlichen Situationen falsch läuft usw. So neigt er dazu, seine eigenen Fehler zu übersehen. Dieser Umstand kann es ihm sehr schwer machen, aus seinem inneren Gefängnis herauszukommen.

Die Sicht von allem und jedem kann von dem Gefühl der Unzufriedenheit durchdrungen sein. Negatives Vergleichen springt ihn häufig an, und die Sicht seines Lebens ist dunkel verhangen.

„Meine Ehe war von Anfang an ein Fehler", „Ich hatte niemals in meinem Leben die Möglichkeit …", „Das Schicksal war schon immer gegen mich." Man fühlt sich wie ein Märtyrer. „Niemand weiß, wie *ich* gelitten habe." „Sicher, andere Menschen haben auch Probleme, aber was *ich* durchmache, ist schlimmer als alles andere."

Alle Klagen haben ihre Quelle in dem unersättlichen Streben nach Liebe und Aufmerksamkeit und münden in die automatisch wiederkehrende Klage: „Ich Armer, ich werde nicht geliebt!"

DER WEG AUS DEM SELBSTMITLEID

Versuchen Sie das Selbstmitleid zu erkennen

Niemand möchte vor sich selbst eingestehen, dass er sich bemitleidet. Aus dem Grund ist man oft nicht so motiviert, Selbstmitleid bei sich zu entdecken. Ich möchte Sie dennoch dazu ermutigen, denn es hilft nicht, das Selbstmitleid zu verdrängen: Es bahnt sich trotzdem seine Wege und richtet in unserer Seele Zerstörung an.

Ich schlage Ihnen vor, an dieser Stelle ganz ehrlich zu werden. Es lohnt sich. Versuchen Sie sich selbst kennen zu lernen:

An welchen Stellen fühlen Sie sich vom Leben benachteiligt?

Wenn Sie sich selbst zuhören in einem Gespräch, wie oft klagen Sie über bestimmte Dinge? Schauen Sie die Beschreibungen durch und finden Sie Ihre persönlichen Ansatzpunkte, hinter denen sich Selbstmitleid verbergen könnte.

Selbstmitleid überwinden

Wenn Sie die inneren Klagen entdecken, dann halten Sie sie einfach aus – und sagen dann aber Nein dazu.

Im Laufe der Zeit werden Sie sensibler werden und bereits den Drang zur Klage in sich wahrnehmen – und auch dazu können Sie Nein sagen. Das hört sich vielleicht sehr einfach an, ist aber eine ganz praktische Hilfe. Nur wird es einige Zeit dauern, bis Sie eine Veränderung spüren. Es kommt auch darauf an, wie tief sich das unbemerkte Klagen in Ihr Leben eingeschlichen hat. Aber geben Sie nicht auf.

Es gibt einen wichtigen Grundsatz:

Je mehr das Selbstmitleid genährt wird, desto mehr schreit es nach neuer Nahrung. Je weniger man es füttert, desto schwächer wird es.

Widersetzen Sie sich dieser Stimme der Klage, bleiben Sie ruhig! Machen Sie weiter in dem Wissen, dass es nie hoffnungslos ist.

Aufrichtigkeit ist eine Bedingung für eine erfolgreiche Veränderung. Man kann sich selbst viel vormachen. Am besten suchen Sie sich jemanden, dem gegenüber sie ehrlich sein können. Aber diesmal nicht, um zu klagen, sondern um einfach und deutlich die Dinge beim Namen zu nennen und abzulegen.

Achten Sie auf Ihre Stimmungen, die Sie immer wieder mal überfallen können, und fragen Sie sich Folgendes:

- Was macht mich traurig?
- Fühle ich mich verletzt oder einfach nur benachteiligt?
- Könnte ein Jammern oder Klagen dahinterstecken?

Humor entwickeln

Über sich selbst lachen können, das schafft eine Distanz und hilft Ihnen, die Situation im richtigen Licht zu sehen. Nur kann man über manches nicht lachen, weil sich die innere tiefe Trauer bemerkbar macht. Das zu merken, hilft weiter: Es führt Sie zur eigentlichen Trauer und zu den Verletzungen, die Sie bis heute nicht verarbeitet haben.

Erinnern Sie sich an Situationen aus Ihrem Alltag, in denen Sie sich über sich selbst ärgerten, und fragen Sie sich dann Folgendes:

- Was für einen Grund gibt es, sich zu ärgern?
- Könnten Sie vielleicht behutsam lächeln über Ihre Ungeschicktheit und andere sogar an Ihrem Missgeschick teilhaben lassen?
- Drückt Ihr Ärger eine Selbstablehnung aus?

Auch wenn es paradox klingen mag: Es wird Ihnen helfen, wenn Sie ein wenig überziehen und sich sagen: „Ich bin wirklich der Aller-, Allerärmste!" Mit der Zeit wird sich ein Lächeln einstellen, weil Sie spüren, dass es eigentlich nicht stimmt.

Geduld und Dankbarkeit einüben

Gott hat uns viel geschenkt. Wenn wir unseren Blick nur auf das Negative richten, können wir gar nicht sehen, wie reich wir sind. Wenden Sie Ihren Blick weg von den Klagen!

Nehmen Sie Gottes Verheißungen in Anspruch. Sein Wort und seine Zusagen sind die eigentliche Wirklichkeit in unserem Leben. Aber es braucht Geduld, denn Selbstmitleid hat in der Regel die Angewohnheit, ganz versteckt und unerkannt in unserem Inneren zu arbeiten. Am besten, Sie nehmen sich dieses Arbeitsblatt von Zeit zu Zeit vor und arbeiten es durch.

Wenn Sie besonders missmutig sind, können Sie sich fragen:

- Gibt es einen Grund dafür, den ich ändern kann?
- Kann ich der Situation auch etwas Positives abgewinnen?
- Habe ich heute schon für die vielen Kleinigkeiten gedankt, die mir gelungen sind?

Und abschließend: Behalten Sie im Auge, dass Sie nicht alles als Selbstmitleid abtun können. Manche Traurigkeit möchte ein eigenes Signal sein, damit Sie auf verborgene Wunden und unverarbeitete Erfahrungen aufmerksam werden. Gott möchte Sie heilen und Sie in eine Versöhnung mit diesen Erfahrungen führen.

Anleitung zur Auseinandersetzung

Eine Auseinandersetzung mit Ihrem Leben, Ihren Beziehungen und mit sich selbst wird Ihnen helfen, manches klarer zu sehen und neue Wege der Veränderung zu finden.

Was Auseinandersetzen bedeuten kann

- Ich nehme mein Leben und die Umstände nicht mehr einfach hin, sondern versuche meine innere Reaktion in Gedanken, Gefühlen und Handlungen auszudrücken. Ich versuche wahrzunehmen, was in mir vor sich geht.
  Ich kann mich fragen: Warum empfinde ich das Verhalten des anderen verletzend? Aus welchen Gründen komme ich mit meiner jetzigen Arbeitssituation nicht zurecht? Warum reagiere ich in bestimmten Situationen mit Rückzug oder mit einer inneren Aggression?
- Ich versuche Verantwortung für meine Reaktion zu übernehmen. Das bedeutet: Ich versuche mir klarzumachen, was in mir vorgeht. Das gelingt nicht auf Anhieb. Oftmals stehe ich vor Rätseln. Aber auch hier kann ich mit anderen darüber sprechen, um Hilfe und Klarheit zu gewinnen.
- Dann brauche ich den Mut, aus dem Erkannten im Denken und Handeln Konsequenzen zu ziehen. Das kann bedeuten, dass ich mir Dinge eingestehen muss, die mich zum einen weiterbringen und erfreuen, aber mir auch unangenehm sein können. Das führt mich also in ein tieferes Bewusstsein über mich selbst. Wenn Sie bestimmte Punkte entdecken, die Sie z. B. bisher vor sich her geschoben haben, können Sie sich überlegen, was stattdessen möglich wäre. Überlegen Sie sich ganz praktische Schritte und versuchen Sie sie in Ihrem Leben umzusetzen.

Lassen Sie sich von einigen Versen inspirieren: Spr. 2,1-11; 3,13-20; 45,7; 12,1.

Voraussetzungen für die Auseinandersetzung

Innere Bereitschaft

Vielleicht empfinde ich einen inneren Widerstand, weil ich mich überfordert fühle. Ich habe Angst vor meinen eigenen Gefühlen und Gedanken. Oder ich kann mir nicht vorstellen, die Konsequenzen zu tragen. Ich befürchte, dass ich nicht weiter weiß, und fühle mich unsicher. Dem möchte ich nicht unbedingt begegnen. Oder ich empfinde es als zu anstrengend, reagiere gleichgültig und passiv.

Ich möchte Sie ermutigen, die Auseinandersetzung zu wagen. Es ist der Weg zur Weisheit und führt Sie zur Entfaltung Ihrer eigentlichen Bestimmung, zu einem Leben im Einklang mit sich selbst.

Der Mut zur eigenen Meinung

Wenn ich mich bisher lieber der Meinung anderer angeschlossen habe, versuche ich nun, mir selbst eine Meinung zu bilden. Das ist leichter gesagt als getan. Aber versuchen Sie es einfach! Überlegen Sie: Welche Werte finden Sie für sich wichtig? Wie möchten Sie mit anderen Menschen umgehen? Wie könnten Sie sich in Ihrem Hauskreis, in Ihrer Gemeinde einbringen?

Wie sollte ein Vorgesetzter mit seinen Mitarbeitern umgehen? Wie möchten Sie mit dem anderen Geschlecht umgehen? Gehen Sie dabei nicht davon aus, was Sie können oder nicht können (Ihrer Meinung nach), sondern davon, was Sie für wichtig und richtig halten.

Ein Maßstab ist notwendig

Die Bibel gibt Anregungen für alle geistlichen, aber auch für alle menschlichen Situationen. Gott gibt uns dadurch einen Maßstab, der – sagen wir – eher wie ein großer Rahmen aussieht: Innerhalb dieses Rahmens können Sie nun lernen, wie Sie sich in dieser oder jener Situation verhalten können. Das Leben von Jesus kann Ihnen zum Vorbild werden. Beobachten Sie, wie er gehandelt hat; schließlich war Jesus nicht nur ganz Gott, sondern auch ganz Mensch. Er hat so unterschiedlich reagiert in bestimmten Umständen, in der Begegnung mit Menschen und in seiner Beziehung zu seinem himmlischen Vater! Studieren Sie sein Leben oder auch das Leben anderer Männer und Frauen der Bibel. Lesen Sie Biografien, beobachten Sie Menschen und bilden Sie sich eine eigene Meinung.

Mut, sich selbst ins Gesicht zu schauen

Das ist nicht leicht. Vor allem, wenn Sie sich hilflos und unsicher fühlen. Aber gerade die mangelnde Auseinandersetzung, die Sie vielleicht in verschiedenen Bereichen Ihres Lebens gelähmt hat, brachte Sie zu dieser Hilflosigkeit. Haben Sie den Mut, die Defizite auszuhalten. Ganz sicher: Sie werden neue Wege finden. Und Gott sagt Ihnen zu, dass er Sie auf dem Weg des Lernens begleiten und ermutigen will.

Die positiven Auswirkungen

Die Mühe und der Einsatz lohnen sich, auch wenn Sie sich das anfangs vielleicht nicht vorstellen können. Suchen Sie sich Menschen, die mit Ihnen reden, Ihnen zuhören und Sie auf dem Weg begleiten wollen. Menschen, die Ihnen nicht *ihre Meinung* aufdrücken, sondern Ihnen Raum geben, zu Ihrer eigenen zu kommen. Und die Auswirkungen sind vielfältig:

Beweglichkeit und Schaffenskraft

Ich lerne auszusteigen aus der inneren Lähmung, aus einem ange-
passten Verhalten, und werde beweglich im Geist. Ich entwickle eine
kreative Schaffenskraft. Herausforderungen wecken in mir den
Wunsch, weiter zu wachsen und dazuzulernen.

Lernbereitschaft

Ich werde offen für Korrektur und lerne immer mehr dazu (lesen Sie
Sprüche 1,1-7). Ich gewinne innere Festigkeit. Das führt mich in eine
größere Offenheit Menschen gegenüber, macht mich gemeinschafts-
fähiger, demütiger, barmherziger. Ich lerne mich selbst und andere
besser kennen.

Die Lebensqualität steigt

Meine Kreativität, Fantasie und das Verantwortungsbewusstsein
werden gestärkt. Es wird mir möglich werden, lebendig am Leben
teilzunehmen, es mitzugestalten und dabei Freude zu empfinden.

Echtes Leben

Ich werde spüren, dass ich richtig zu leben beginne. Ich werde bereit,
für andere da zu sein und für sie zu sorgen. Ich lerne, auf mich selbst
zu achten und meine Grenzen klarer zu spüren. Ich lerne, mit Unge-
rechtigkeit umzugehen und die Andersartigkeit des anderen stehen
zu lassen. Ich lerne zu akzeptieren: Das Leben verschont mich nicht
vor Leid und Verletzungen. Aber ich lerne, sie zu verarbeiten und
Probleme durchzustehen.

Eine lebendige Beziehung zu Jesus

Ich kann Jesu Liebe, sein Führen und seine Gnade tiefer spüren, werde empfänglich für seinen Trost, seine Herausforderungen. Und er
ermutigt mich, wenn ich es nicht gleich schaffe. Mein Glauben wird
tiefer, dass es im Hier und Heute immer Hoffnung gibt. Die herrli-
che Zukunft wird offenbarer: die Ewigkeit, mein eigentliches Zuhause.

Die Tragkraft wird gestärkt

Durch die Auseinandersetzung wird meine Geduld größer werden, und ich lerne im Laufe der Zeit mehr Belastungen auszuhalten und entwickle Charakterstärke.

Mein Tipp: Beginnen Sie aus Ihrer Lebenssituation heraus Fragen zu formulieren, Ihre Gefühle und Gedanken zu benennen, und versuchen Sie sich damit *auseinanderzusetzen* – mit dem Ziel, sie für Ihr Leben in richtiger Weise *zusammenzusetzen*. Gott steht auf Ihrer Seite.

WAS KINDER IN FAMILIEN ERLEBEN

Thema	Guter Umgang	Verletzender Umgang
Persönlichkeit	Wird respektiert und gefördert, Eigenständigkeit als Ziel	Wird eingepresst in ein (fremdes) Bild. Das Kind darf sich nicht zu eigenständiger Persönlichkeit entwickeln, es darf nicht es selbst sein
Annahme	Um seiner selbst willen	Unter bestimmten Bedingungen („Wenn du das machst, dann ...")
Ideen	Werden bestärkt, ermöglicht	Werden abgelehnt
Kompetenz	Wird gefördert und anerkannt	Das Kind wird niedergemacht oder überschätzt
Interesse	Das Kind kann eigene Interessen haben und entwickeln, Interesse aneinander und füreinander	Interessen der Eltern stehen im Vordergrund, Interesselosigkeit
Erfolg	Wird gefeiert	Eltern geben mit den Leistungen ihrer Kinder an, Erfolg ist selbstverständlich
Experimente	Werden ausgehalten	Sind auch versuchsweise nicht erlaubt

Besitzdenken	Besteht nicht	Das Kind wird als Eigentum betrachtet
Reden	Es darf frei von der Leber weg geredet werden, Diskussionen, Meinungsverschiedenheiten werden ausgehalten	Redeverbote: Stille Kinder sind liebe Kinder; typisch: Familiengeheimnisse; Ablehnung, einander lächerlich machen, Harmoniesucht
Kritik und Lob	Wird erlaubt, wird als wichtig betrachtet	Zu viel Kritik (Niedermachen); gar keine Kritik (Grenzenlosigkeit, Verwöhnung)
Verständnis	Einfühlungsvermögen, Verständnis wird ausgedrückt	Eltern sind mit sich selbst beschäftigt, wenig Einfühlungsvermögen
Gefühle	Gefühle dürfen geäußert werden und werden akzeptiert	Dürfen nur teilweise geäußert werden, bestimmte Gefühle sind verboten. Sind Mittel zur Manipulation (z. B. Weinen der Mutter), Protest des Kindes wird nicht beachtet
Respekt des Kindes	Das Kind wird ernst genommen	Wird geleugnet
Realistisches Bild	Das Kind hat Stärken und Schwächen	Kind wird entweder als Star gesehen oder als untauglich erklärt

Erwartung	Angemessene An-sprüche	Zu hohe Ansprüche
Überforderung	Möglich, aber es kann geklärt werden	„Du bist alles, was ich habe", „Du bist mein Lebensinhalt"
Grenzen	Es gibt klare Ja- und klare Nein-Regeln, das Kind darf wählen	Entweder keine Grenzen oder starre Grenzen, Willkür, Grenzverletzungen
Schutz	Wird gewährt, negatives Verhalten wird angesprochen	Wenig Schutz oder das Kind wird vor sich selbst beschützt, das Kind beschützt die Eltern, lebt in einer unberechenbaren Umgebung (Jähzorn, Gewalt, Angst ...)
Berührung	Kuscheln, knuddeln, kämpfen	Wenig Berührung oder zu viel Berührung (Grenzüberschreitung)
Nähe	Wechsel zwischen Nähe und Distanz, dem Kind wird die Freiheit gelassen	Entweder zu eng, vereinnahmend oder fremd, distanziert
Schein statt Sein	Ehrlichkeit	Die Probleme werden nach außen verheimlicht, im Notfall auf Kosten des Kindes

Verantwortung	Jeder für sich, füreinander wird gefördert	Das Kind bekommt keine V. übertragen, wird verantwortlich gemacht für die Nöte der Erwachsenen oder bekommt zuviel Verantwortung übertragen („Ich brauche dich")
Entscheidungen	Die Fähigkeit dazu wird gefördert und bejaht	Werden dem Kind abgenommen oder nicht geduldet, es hat wenig Wahlmöglichkeiten
Ermutigung	Kinder werden ermutigt und dadurch in ihrer Entwicklung gefördert	Entmutigende Botschaften, Kinder müssen Eltern unterstützen
Sicherheit	Wird gewährt durch Zuverlässigkeit und erwachsenes Verhalten	Eltern sind schwach, scheinen keine Belastungen zu ertragen oder sie wirken bedrohlich, angsteinflößend, das Kind kann sich auf sie nicht verlassen, Willkür und Stimmungswechsel
Hilfe	Eltern unterstützen und helfen, ermutigen aber auch zur Selbstständigkeit	Kind muss viel alleine bewältigen oder es wird ihm alles abgenommen, es wird ihm nichts zugetraut

Hierarchie	Die Bedürfnisse jedes Mitglieds in der Familie sind wichtig	Ein Elternteil ist Herrscher der Familie, autoritärer Vater oder sehr bestimmende Mutter; Kind wird unterdrückt, richtet sein Leben nach diesem Elternteil aus
Geben und Nehmen	Wird ausgewogen praktiziert	„Ich habe alles für dich getan, geopfert." Erwartung, dass diese „Schuld" bezahlt wird (lebenslänglich)
Schuld	Wird angesprochen und vergeben	Wird verleugnet, Eltern sind übersensibel bei Kritik, sie wird nicht ausgesprochen, nachgetragen (unauslöschlich)

FOLGEN IM ERWACHSENENALTER

Mögliche Folgen in Beziehungen:
- Beziehungen sind häufig ambivalent: mal wird stark abweisend reagiert, mal klammernd.
- An andere Personen (z.B. Autoritätspersonen) werden hohe, oft zu hohe Erwartungen gestellt.
- Es besteht eine Selbstoffenbarungsangst; es fällt schwer, sich einem Menschen anzuvertrauen.
- Es wird befürchtet, anderen zur Last zu fallen.
- Wenn echte Liebe eines anderen Menschen erlebt wird, kann das Abwehr oder Abhängigkeit zur Folge haben.
- Es fällt schwer, um Hilfe zu bitten.
- Die Begegnungsfähigkeit ist beeinträchtigt.
- Man gerät leicht in eine Co-Abhängigkeit: Mit einem abhängigen Partner wird – nach gewohntem Muster – eine gestörte Beziehung gelebt.
- Sich abzugrenzen fällt schwer. Das gilt (je nach Art der Beziehung) auch den Bedürfnissen anderer gegenüber – auch auf die Gefahr hin, selbst zu kurz zu kommen.

Mögliche Schwierigkeiten mit sich selbst und wie sie sich äußern:
- Die Situation und die Wünsche anderer werden rasch wahrgenommen – und es wird zu schnell und in ungesunder, unausgewogener Weise darauf reagiert; manchmal verbunden mit dem vagen Gefühl, ausgenutzt zu werden.
- Es besteht die Gefahr, sich selbst zu vernachlässigen.
- Die eigenen Bedürfnisse werden häufig nicht wahr- bzw. nicht ernst genommen.
- Es ist schwer zu sagen, was man möchte; man spürt sich selbst nicht.
- Selbsthass, Autoaggressives Verhalten, Suizidgedanken oder -versuche.
- Der Umgang mit sich selbst kann kontrollierend und hart sein.

- Das Gefühl: „Ich bin eine graue Maus. Ich bin uninteressant, ich möchte unsichtbar sein" und andere Gefühle der Wertlosigkeit.
- Ein diffuses Gefühl „mit mir stimmt etwas nicht" oder Schuldgefühle.
- Die eigene Existenzberechtigung wird infrage gestellt.

Eine mögliche Verwirrung der Identität und eine mögliche Verzerrung der Wahrnehmung und Beurteilung:
- Es besteht eine Verwirrung oder Verunsicherung darüber, was Recht und was Unrecht ist, was sein darf und was sein muss bzw. getan werden darf und getan werden muss. Z.B.: „Richtig ist, was den Bedürfnissen des anderen entspricht; falsch ist, was die Erwartungen und Wünsche des anderen nicht erfüllt."
- Berührungen werden gefürchtet und doch ersehnt.
- Das Gefühl, (über)verantwortlich zu sein.
- Das Gefühl der Irritation, wenn andere Menschen ihre Grenzen nicht überschreiten, sondern sie respektieren und nach ihrem eigenen Willen und nach ihren Wünschen fragen.
- Wie die Eltern handeln oder reagieren, obwohl man sich geschworen hat, so nie werden zu wollen.

Mögliche Zweifel an der eigenen Wahrnehmung:
- Durch Grenzüberschreitung/en wurde der Alltag des früheren Kindes im wahrsten Sinne des Wortes „ver-rückt". Der nun zum Erwachsenen gewordene Mensch ist nach dieser Erfahrung unsicher, ob er dem eigenen Gefühl und den eigenen Gedanken trauen kann; Unsicherheit durchzieht viele Gedanken – besonders, wenn versucht wird, das Geschehen der Vergangenheit zu klären.

Mögliche Auswirkungen im Bereich der Erinnerung:
- Kaum oder nur bruchstückhafte Erinnerung an die Kindheit und Jugend.
- Übertrieben positive Einstellung zu Eltern: „Ich hatte eine glückliche Kindheit".

- Die Eltern und ihr Verhalten werden in Schutz genommen und die eigene Person als „schwieriges und eigensinniges Kind" bezeichnet – mit dem Schluss, dass es angebracht war, von den Eltern so behandelt zu werden.
- Es scheint, als hätte der betroffene Mensch die Misshandlung selbst provoziert, weil er „zur Vernunft" gebracht werden musste.

Mögliche Auswirkungen im Umgang mit schmerzlichen Erlebnissen und Situationen:
- Die Vermeidung von Schmerz.
- Es wird alles getan, um nicht abgelehnt zu werden.
- Übersensibilität: Es wird schnell Schmerz empfunden, auch körperlich; es entsteht leicht das Gefühl, falsch verstanden zu werden.
- Ein überstarkes Gefühl der Einsamkeit, auch in Gemeinschaft mit anderen.

Mögliche Auswirkungen im Umgang mit anderen Menschen:
- Das Opfer wird leicht zum Täter, z. B. im Überschreiten der Grenzen anderer.
- Negative Übertragung: Das „Opfer" rächt sich an Menschen, die an diejenigen Personen erinnern, die Verletzungen zugefügt haben.

Mögliche Ängste:
- Angst vor der Wahrheit, Angst vor Offenheit und Ehrlichkeit, Angst vor Zuwendung, Angst vor dem Verlassenwerden, Angst vor Ablehnung, Angst vor der Wut anderer, Angst vor Fehlern und daraus folgend der Anspruch/Versuch, so perfekt wie möglich zu sein.

Mögliche Auswirkungen im Umgang mit Entscheidungen:
- Es scheint keine Wahlmöglichkeit zu bestehen.
- Das Gefühl der Unfähigkeit, den eigenen Willen einzusetzen.
- Beim Abwägen werden die Kriterien nicht wirklich geprüft – oder

sie werden endlos lange geprüft, sodass kein Ergebnis zustande kommt.
- Entscheidungen werden vermieden – aus Angst, falsche Entscheidungen zu treffen.

Mögliche Schwierigkeit, Grenzen zu ziehen:
- Es fällt schwer, nein oder ja zu sagen.
- Man lässt sich manipulieren und manipuliert andere.

Mögliche Auswirkungen im Umgang mit aktuellen Grenzüberschreitungen:
- Schlechte Behandlung wird nicht als schlecht und grenzüberschreitend wahrgenommen, sondern als normal empfunden.
- Es wird als normal empfunden, sich etwas diktieren zu lassen, beschimpft und gedemütigt zu werden und sich (scheinbar) nicht wehren zu können.

Mögliche Auswirkungen in punkto Stress:
- Anstrengung wird rasch zur Überforderung, da der innere Stresspegel durch ständige innere Anspannung und Wachsamkeit sehr hoch ist. Es besteht ein innerer Leistungsdruck, der es schwer macht, sich wirklich fallen zu lassen.
- Burn-out-Symptome zeigen sich rascher als bei anderen Menschen.

Mögliche Auswirkungen auf das Gefühlsleben:
- Unangemessene Schuld- und Schamgefühle.
- Zerrissenheit, Unsicherheit, Ängstlichkeit.
- Kein Gefühlsausdruck bei starken Gefühlen.
- Der Eindruck, einen Gefühlsstau zu erleben.
- Die Wunsch und gleichzeitig das Unvermögen, Gefühle auszudrücken.
- Gefühllosigkeit.
- Das häufige Erleben der Anklage (in dem Gefühl, einem starken inneren Richter/Ankläger/Kritiker gegenüber zu stehen).

- Selbstverachtung.
- Wut kann nicht gezeigt werden – oder entlädt sich in einer plötzlichen Explosion.
- Das Gefühl, nicht gesehen zu werden.
- Eine allgemeine innere Alarmbereitschaft.
- Isolation/Einsamkeit.

Mögliche Auswirkungen auf die Sprachfähigkeit:
- Für eigene Gefühle werden keine Worte gefunden; es entsteht ein Gefühl der Sprachlosigkeit (der Betroffene fühlt sich stumm und wird stumm).
- Das Gefühl, sich sprachlich nicht richtig ausdrücken zu können; jedes Wort wird hinterfragt und korrigiert, es entsteht kein sprachlicher Fluss.

Mögliche Süchte:
- Beziehungssucht, Co-Abhängigkeit, Alkoholsucht, Arbeitssucht, Ess-Sucht, Tablettensucht.
- Bewusst oder unbewusst wird alles versucht, was beim „Vergessen" helfen könnte.

Mögliche Folge ist auch eine „erlernte Inkompetenz". Sie äußert sich in:
- Verteidigungs- und Vermeidungstechniken statt Lebenskompetenz.
- Mangelnden Fähigkeiten, Grenzen zu setzen, um anderen Menschen und sich selbst Raum geben zu können.
- Übermäßiger Anpassung.
- Meinungslosigkeit in vielen Fragen.
- Wenig Ahnung darüber, was legitime Bedürfnisse und Rechte sind.
- Innerer Erstarrung.
- Unangemessener Reaktion auf Berührung: Sie werden wie Schläge empfunden.
- Geringer Kenntnis darüber, was gute und gesunde Beziehungen ausmacht und wie sie möglich sind.

VERGEBUNGSPROZESS

Vergebung empfangen   **Vergeben**

Ich möchte, dass Gott   **Entschluss zur**   Ich will die Schuld des
und meine Mitmenschen   **Abrechnung**   Täters an mir, und damit
mir meine Schuld aufzei-   **Licht**   die bösen Erlebnisse, sel-
gen dürfen.   **Aufdeckung**   ber ansehen, mit Verstand
Der Heilige Geist wird   und Gefühl, oft auch ge-
mich nicht überfordern   gen inneren Widerstand –
oder bloßstellen.   aus Kenntnis der Notwen-
                                                     digkeit heraus.

Ich lasse die Überführung   **Abrechnen**   Ich benenne die Schuld
zu und akzeptiere den   **Wahrheit**   des Täters, wie ich sie
Schuldspruch, verzichte   **Heiligkeit**   subjektiv erlebe, und
auf Entschuldigungen, ka-   schreibe einen Schuld-
pituliere.   schein.

Ich lasse Gottes Liebe   Ich erfahre Gottes Liebe/
einschließlich seines   **Erbarmen**   Nähe als Trost/Heilung
Schmerzes an mich heran.   **Trost**   und kann dem Täter mit
                               Liebe   Gottes Erbarmen nahen.
                               Güte   Das ist im Bewusstsein
                                                     der eigenen Sündhaftig-
                                                     keit und Gottes Erbarmen
                                                     mit mir möglich.

Ich lasse Gottes Liebe einschließlich seines Schmerzes an mich heran.	**Erbarmen** **Trost** **Liebe** **Güte**	Ich erfahre Gottes Liebe/ Nähe als Trost/Heilung und kann dem Täter mit Gottes Erbarmen nahen. Das ist im Bewusstsein der eigenen Sündhaftig- keit und Gottes Erbarmen mit mir möglich.
Ich nehme an, dass Gott mich losbindet von dem Gesetz der Sünde • statt „Ich bin/bleibe so" gilt „Ich/Gott kann mich ändern" • statt „Ich darf/als Christ darf man nicht so sein" gilt „Ich bin bisher so". Gott bereitet für mich den besten Weg vor, ohne mich zu zwingen, ihn zu gehen.	**Freigeben** **Loslassen** **Gnade** **Heilung**	Ich nehme an, dass Gott den Täter losbindet von dem Gesetz der Sünde • statt „Er ist/bleibt so" gilt „Er/Gott kann ihn ändern" • statt „Er darf nicht so sein" gilt „Er war bisher so". Ich verzichte auf alle Ansprüche und werde da- durch frei, für den ande- ren Hoffnung zu haben.
Ich lebe in Freiheit von vergangener Sünde und bin frei für einen Neuan- fang. Für Gott existiert meine Sünde nicht mehr.	**Versöhnung** **Schuld erlas- sen** **Erneuerung** **Gerechtigkeit**	Ich kann den anderen ohne seine Schuld, un- abhängig von seiner Schuld, sehen/erleben.

In Anlehnung an Werkstattblatt Nr. 15 „Vergebung – der Weg in die Freiheit"
Joachim Kix, Wolfram Soldan (IGNIS-Akademie)

GEFÜHLE

Kommen Sie Ihren Gefühlen auf die Spur und versuchen Sie, dafür einen Ausdruck zu finden. Die folgende Liste kann Ihnen dabei helfen. Praktisch könnten Sie es so machen, dass Sie sich am Abend eines Tages dafür Zeit nehmen. Lassen Sie die Ereignisse des Tages noch einmal Revue passieren und versuchen Sie, Ihren Gefühlen in den einzelnen Situationen auf die Spur zu kommen.

Oder betrachten Sie eine bestimmte Beziehung oder eine bestimmte Situation, in der Ihnen aufgefallen ist, dass Sie Ihre Gefühle nicht richtig benennen können. Schauen Sie sich die Liste an und überlegen Sie, welche Ausdrücke dazu passen. Es geht dabei nicht nur um die negativen Gefühle, obwohl sie natürlich in den Vordergrund gedrängt werden und uns mehr belasten. Sondern es geht auch um positive Gefühle, die wir empfinden, aber nicht benennen können.

Wenn Sie einen Ausdruck gefunden haben, überlegen Sie sich, welche Auslöser Sie für diese Gefühle entdecken.

- Welche Gedanken über sich selbst oder Gedanken über andere finden Sie?
- Welche inneren Einstellungen und Haltungen können Sie dabei entdecken?
- Wie bewerten Sie die Gefühle?
- Gibt es Gefühle, die Sie sich kaum erlauben können?

Sprechen Sie mit guten Freunden, Ihrem Ehepartner, einem Seelsorger/Therapeuten darüber. Manchmal ist es hilfreich, gleich Feedback zu bekommen.

Zuneigung empfinden
an etwas oder jemandem Gefallen finden
Erleichterung empfinden
jemanden lieb haben
Empörung spüren
Gelassenheit/Geduld empfinden
Ohnmacht fühlen
getröstet werden, der Impuls
zu trösten
weinen
Betroffenheit spüren
Wunsch nach Gemeinschaft
und Nähe des anderen
Mitgefühl
sich niedergeschlagen fühlen
sich geborgen fühlen
deprimiert sein
defensiv, zurückhaltend reagieren
gereizt reagieren
Panikgefühle haben
Selbstmitleid spüren
schüchtern sein
angewidert sein
zornig, wütend sein
gesellig sein
verschreckt reagieren
traurig sein
sich sorgen
aufgebracht sein
sich hilflos fühlen
beschützen wollen

verbissen bleiben
Furcht zeigen
sich unzulänglich empfinden
antriebslos sein
Zärtlichkeit spüren
erstaunt sein
verwirrt sein
Befürchtungen haben
voller Zuneigung sein
Hass fühlen
verzagt sein
mürrisch sein
sich entlastet fühlen
ungeduldig sein
Verlust spüren
Freude spüren
sich schämen
heiter sein
ängstlich reagieren
Zufriedenheit spüren
gelassen bleiben können
Frieden spüren
peinlich berührt sein
sich unverstanden fühlen
Schmerz empfinden
missmutig sein
unbeherrscht reagieren
erstaunt sein
verletzt sein
beleidigt sein
enttäuscht sein
misstrauisch sein
kühl reagieren
Rührung empfinden

bewegt sein	nervös sein
verlegen sein	Überlegenheit empfinden
heftig reagieren	sich wehrlos fühlen
Einsamkeit empfinden	glücklich sein
begeistert sein	entspannt sein
stinksauer sein	...
Groll fühlen	...
sich minderwertig fühlen	...

Sie haben die Möglichkeit, Gottes Wort in puncto „Gefühle" zu studieren. Es gibt viele Ausdrucksformen von Gefühlen in der Bibel. Alle Frauen und Männer der Bibel hatten Gefühle, die sie – meistens offen – gezeigt haben. Und Gott selbst hat seine Gefühle geoffenbart.

Ja, Gott hat Gefühle!

Ps. 62,5; 4. Mose 11,1; Mark. 3,5; Luk. 15,7.10.21-24; Luk. 19,41; Joh. 11,35.36; Jh. 13,21; Mt. 26,37; Hebr. 12,2

Gott hat ein Ja zu unseren Gefühlen

Sie gehören zu unserer Gottesebenbildlichkeit. Hier einige Beispiele:

Freude
1. Chron. 29,22; 2. Chron. 30,21; Esra 3,12 Ps. 16,11 Apg. 2,47; 1. Petr. 1,8; Ps. 13,6; Ps. 9,3; Ps. 84,3

Geborgenheit
Ps. 121; Ps. 91,1.2; Ps. 139,5; Joh. 10,28.29

Verzagtsein
Jos. 2,11; 1. Sam. 28,5; Ps. 107,26; Jes. 35,4; Jona 2,8; 2. Kor. 1,8

Bitterkeit
Klgl. 3,15; 2. Sam. 13.14; Röm 3,14

Enttäuschung
Jona 4

Mitgefühl
Mt. 9,36; Röm 12,15; Ps. 35,13.14; 2. Kor. 11,29

Traurigkeit
1. Sam. 1,10; Spr. 17,22; Ps. 38,7; Jes. 61,2; Luk. 22,45; Spr. 14,13

**Verlangen nach Nähe zu –
und Gemeinschaft mit einem anderen Menschen**
Phil. 1,8; 4,1.10.14; 2. Tim. 1,4; Philemon 7; 1. Sam. 18,1-4

Weinen
Ps. 6,7; Ps. 56,9; 1. Mose 29,11; 1. Sam. 20,41; Hiob 16,16; Ps. 30,6

Zärtlichkeit
Jes. 66, 10-13; 1. Mose 29,13; 1. Mose 33,4.48,10; Mark. 9,36.10,16

Zorn
2. Mose 32,19; Esther 5,9; Hiob 18,4.42,7; Ps. 30,6.37,8.27,4; Jes. 54,8;
Eph. 6,4.4,26

Gefühle sind Signale unseres Herzens

Gefühle zeigen uns etwas von uns selbst. Werden sie auf- oder abgewertet, können sie leicht überbetont oder unterdrückt werden. Wir können sie ehrlich eingestehen, denn sie gehören ja zu uns.

Und wenn wir uns manchmal schämen: Als Sünder haben wir

auch sündige Gefühle, sonst wären wir keine Sünder, sondern vollkommene Mensch.

Gefühle, die verdrängt und unterdrückt werden, wirken trotzdem unterschwellig und haben Auswirkungen auf unsere Seele und unseren Körper. Also: Gehen Sie ehrlich mit Ihren Gefühlen um.

Das heißt nun nicht, dass Sie alle Gefühle ausleben müssen oder sollen. Das ist ja die andere Seite:

Gefühle, die ungehemmt ausgelebt werden, können negative Auswirkungen auf uns selbst, aber auch für andere haben.

Es geht also nicht darum, Gefühle auszuleben, und nicht darum, Gefühle zu unterdrücken, sondern es geht darum, *Gefühle wahrzunehmen*. Sie können mir eine gute „Anzeige" sein, wie es um mich steht.

Gefühle sind bereichernd

Sie machen das Leben reich, warm und schön. Ich fühle mich lebendig. Sie zeigen mir aber auch, dass wir in einer Welt von Leid und Schmerz leben. Wir sind (noch) nicht im Paradies. So vermitteln mir meine Gefühle Störungen. Sie sind wichtig, wie der Schmerz im Körper, der uns zeigt, dass etwas nicht in Ordnung ist. Entdecken Sie Ihre Gefühle und lernen Sie sie wahrzunehmen! Sie sind ein wichtiger Bereich unserer Geschöpflichkeit.

Gefühle bestimmen uns –
ob wir sie wahrnehmen oder nicht

Deswegen ist es eben so wichtig, sie zu spüren und zu erkennen: Ein unentdeckter Feind kann viel mehr Schaden anrichten als ein entdeckter!

Schämen Sie sich Ihrer Gefühle nicht. Jesus möchte Ihnen helfen, die Hintergründe zu entdecken und mit ihnen umzugehen.

Ganze Gedankengebäude können sich hinter bestimmten Gefühlen verbergen. Werden die Gedankengebäude offen gelegt, kann Gott durch seine Kraft Veränderungen bewirken, und das wirkt sich auch auf unsere Gefühle aus.

Abschließend noch einige Fragen zum Überdenken:

- Gibt es bestimmte Situationen, in denen ich mich über meine Gefühle hinwegsetze und sie unterdrücke, anstatt sie mir einzugestehen und nach Lösungen zu suchen, wie ich mit ihnen umgehen kann?
- Wobei fühle ich mich unwohl? Wovor könnte ich besonders Angst haben?
- Welche inneren Regungen machen mir besonders zu schaffen, sodass ich darum ringe, sie unter Kontrolle zu bringen?
- Welche Gefühle überschwemmen mich einfach, sodass ich sie nicht beherrschen kann?
- Welche Gedanken und Haltungen könnten dahinterstecken?

MEINE GRENZEN ÜBERPRÜFEN

Aus unterschiedlichen Gründen mag es gut sein zu sehen, wie es mit meiner Fähigkeit, mich abzugrenzen, aussieht. Vielleicht bin ich in einer Familie aufgewachsen, in der gesunde Abgrenzung weder beigebracht noch vorgelebt wurde. Vielleicht war oder bin ich noch in Beziehungen, in denen Abgrenzungen und Verantwortlichkeiten unklar sind.

In einer Atmosphäre der Liebe, der Achtung und des Respekts entwickelt sich ein natürliches Gespür für Grenzen. Gott möchte Sie ermutigen, aus Grenzverletzungen herauszutreten, um innerlich heil zu werden. Er selbst achtet unsere Grenzen. Er wartet in Geduld und Liebe auf ein freiwilliges Eingehen unsererseits auf seine Angebote und sein Eingreifen.

„Siehe, ich stehe vor der Tür und klopfe an. So jemand meine Stimme hört *und die Tür auftut,* zu dem werde ich eingehen und das Abendmahl mit ihm halten und er mit mir." (Offb. 3,20 LÜ)

Gott selbst setzt Grenzen, und er weiß, dass wir Grenzen brauchen, um uns entsprechend unserer Bestimmung entfalten zu können. Die ausführliche Beschreibung im Alten Testament über die Grenzen der einzelnen Stämme Israels ist ein Beispiel (2. Mose 24) dafür. Und Jesus Christus selbst kann sich abgrenzen von Erwartungen anderer, um den Auftrag zu wahren, den Gott ihm gegeben hat (Mark. 1,32-39).

Der folgende Fragebogen ist für jeden gedacht, der daran interessiert ist, seinen eigenen Umgang mit persönlichen Grenzen zu überprüfen.

Bitte jeweils das Feld ankreuzen, das am besten ausdrückt, wie Sie wirklich empfinden.

	nie	selten	manch-mal	oft	meis-tens
Ich kann mich schlecht entscheiden	❏	❏	❏	❏	❏
Es fällt mir schwer, Nein zu sagen	❏	❏	❏	❏	❏
Ob ich mich glücklich fühle, hängt von anderen Menschen ab	❏	❏	❏	❏	❏
Es fällt mir schwer, anderen Menschen in die Augen zu sehen	❏	❏	❏	❏	❏
Ich tendiere dazu, mich mit Menschen einzulassen, die mich verletzen	❏	❏	❏	❏	❏
Ich stecke mehr in Beziehungen hinein, als ich durch sie bekomme	❏	❏	❏	❏	❏
Anderer Leute Meinung ist wichtiger als meine eigene	❏	❏	❏	❏	❏
Leute nehmen oder benutzen meine Sachen ohne zu fragen	❏	❏	❏	❏	❏
Es fällt mir schwer, um das zu bitten, was ich möchte und brauche	❏	❏	❏	❏	❏
Ich verleihe Geld und scheine es nicht rechtzeitig zurückzubekommen	❏	❏	❏	❏	❏

	nie	selten	manch-mal	oft	meis-tens
Ich schließe mich lieber anderen Menschen an, als dass ich zum Ausdruck bringe, was ich wirklich möchte	❏	❏	❏	❏	❏
Ich fühle mich schlecht, weil ich so „anders" als andere Menschen bin	❏	❏	❏	❏	❏
Ich bin oft ängstlich, furchtsam oder angespannt	❏	❏	❏	❏	❏
Ich verwende so viel Zeit und Energie darauf, anderen zu helfen, dass ich nicht dazu komme, mich um meine eigenen Wünsche und Bedürfnisse zu kümmern	❏	❏	❏	❏	❏
Ich finde es schwer zu wissen, was ich denke und glaube	❏	❏	❏	❏	❏
Ich habe das Gefühl, dass mein Glück von äußeren Umständen abhängig ist	❏	❏	❏	❏	❏
Irgendwie werde ich immer wieder in anderer Leute Probleme hineingezogen	❏	❏	❏	❏	❏
Ich lasse mich auf Leute ein, die mir nicht gut tun	❏	❏	❏	❏	❏
Ich komme nicht oft dazu, Zeit für mich allein zu haben	❏	❏	❏	❏	❏

	nie	selten	manch-mal	oft	meis-tens
Stimmungen von mir nahe stehenden Menschen übertragen sich auf meine Stimmung	❏	❏	❏	❏	❏
Mir fällt es schwer, ein Geheimnis zu wahren	❏	❏	❏	❏	❏
Ich reagiere sehr empfindlich auf Kritik. Ich fühle mich verletzt	❏	❏	❏	❏	❏
Ich neige dazu, in Beziehungen zu bleiben, die mich verletzen	❏	❏	❏	❏	❏
Ich empfinde eine innere Leere. Irgendetwas fehlt in meinem Leben	❏	❏	❏	❏	❏

Je öfter Sie „oft" oder „meistens" angekreuzt haben, um so mehr können Sie davon ausgehen, dass Ihre Grenzen in der Vergangenheit von anderen überschritten wurden und Sie Probleme haben, sich von anderen abzugrenzen. Diese Erkenntnis kann Ihnen helfen, sich für eine Veränderung zu öffnen. Sprechen Sie mit Ihrem Seelsorger bzw. Therapeuten darüber.

Umgang mit Beziehungen

Die Beziehung zu anderen Menschen

Der jüdische Philosoph Martin Buber hat gesagt: „Das Ich wird zum Ich erst am Du." Anders gesagt: Einander begegnen können, sich mitteilen können ist nicht „reiner Informationsaustausch", sondern bedeutet Menschsein. Dazu braucht man die Fähigkeit und Bereitschaft zur Selbstmitteilung.

Wir können nun unterschiedliche Beziehungen anschauen: Beziehungen zu Freunden, Bekannten, Familienangehörigen, Leuten aus der Gemeinde oder Arbeitskollegen – und uns im Blick auf einzelne Menschen folgende Fragen stellen:

- Bin ich ein Mensch, der sich anderen mitteilen kann?
- Welche Gefühle und Gedanken beschäftigen mich, wenn ich in Kontakt komme mit dieser Person?
- Wie geht es mir in der Beziehung?
  - Inwieweit kann ich mich öffnen?
  - An welchen Stellen spüre ich Rückzug und Ohnmacht, und warum?
- Was empfinde ich positiv, was negativ?
- Welche Werte sind mir in einer Beziehung wichtig?
- Kann ich diese Werte ausleben? Fühle ich mich in Gesprächen blockiert? Kann ich ausdrücken, warum?
- Wie möchte ich Beziehungen zu anderen leben? Was möchte ich nicht?

Die Beziehung zu meiner Familiengeschichte

Jeder von uns gehört in eine Familiengeschichte, ob nun die Eltern noch leben oder nicht, ob die Geschichte gut war oder nicht. Das Ziel ist, die eigene Geschichte kennen zu lernen und zu bejahen. Wir können uns nicht lösen von unserer Geschichte, aber wir haben die Möglichkeit, uns mit ihr zu versöhnen, wenn es darin „Stolpersteine" gab oder gibt. Schauen Sie sich Ihre Familiengeschichte an. Sie können die einzelnen Personen (Vater, Mutter, Geschwister, Oma, Opa, Onkel, Tante ...) nehmen, aber auch den ganzen Familienverband.

- Was denken Sie über Ihre Familie?
- Kennen Sie Ihre Familiengeschichte?
- Gab es Familiengeheimnisse, über die man nicht reden durfte?
- Welche Botschaften wurden Ihnen durch Ihre Familie (oder einzelne Mitglieder) vermittelt?
- Welche Werte haben Sie kennen gelernt?
- Was war positiv, was negativ? Hier ist es wichtig, beide Aspekte zu sehen und nicht die Familie in Schutz zu nehmen oder gar ihr negatives Verhalten zu entschuldigen.
- Gibt es Erinnerungen, die Ihnen bis heute zu schaffen machen?
- Wie möchten Sie mit Ihrer Familie (oder einzelnen Mitgliedern) umgehen?
  Dabei ist es wichtig, dass Sie nicht benennen, was Sie „für möglich" halten, sondern das, *was Sie sich wünschen,* auch wenn Ihnen dieses (noch) utopisch vorkommt.
- Entdecken Sie eine innere Loslösung von Ihrer Familie in Ihrem Leben?
- Wie könnte eine Loslösung aussehen?

Die Beziehung zum anderen Geschlecht

Es klingt banal, aber dennoch: Es gibt *den Menschen* an sich ja nicht. Es gibt nur Frauen und Männer, und die sind grundverschieden, schon rein biologisch. Das Ziel ist, die Verschiedenheit wahrzunehmen und anzunehmen, auch die spürbare Fremdheit zwischen den Geschlechtern.

Es ist wichtig, das eigene Geschlecht zu verstehen, sich aber auch mit dem anderen zu beschäftigen. Auch – und gerade –, wenn unsere Identität für uns selbst manchmal ein Geheimnis ist.

Wir können uns damit beschäftigen und dem nachspüren, wer wir sind, und zwar mit folgenden Fragen:

- Was empfinde ich als „typisch Mann" bzw. „typisch Frau"?
- Bin ich gern ein Mann bzw. eine Frau? Warum ja / warum nein?
- Wie geht es mir als Frau im Umgang mit Männern / als Mann im Umgang mit Frauen?
  - Welche Gedanken kommen mir, wenn ich darüber nachdenke?
  - Was empfinde ich?
- Welche verletzenden Erfahrungen habe ich im Umgang mit dem anderen Geschlecht gemacht?
- Erkenne ich einen Zusammenhang zwischen meiner Sicht vom eigenen bzw. anderen Geschlecht und der Beziehung zu meinem Vater bzw. meiner Mutter?
- Wie möchte ich mit dem anderen Geschlecht umgehen?
- Wie möchte ich gern von dem anderen Geschlecht wahrgenommen und behandelt werden?

Die Beziehung zu mir selbst

Man sollte ja davon ausgehen, dass ich – da ich ja von Beginn meines Lebens an mit mir lebe – auch eine Beziehung *zu mir selbst* habe. Aber die ist nicht immer „wie von selbst" so klar. Da braucht es auch ein Kennenlernen. So lesen wir schon in den Psalmen:

„Durchforsche mich, o Gott und sieh mir ins Herz. Prüfe meine Gedanken und Gefühle." (Ps. 139,23) Oder wir sagen, „Wenn ich mich so angucke ..." oder „Ich muss mir selbst immer wieder sagen ..."

Das Ziel ist, dass ich lerne, mit mir selbst einig zu werden, mit mir selbst in Einklang zu kommen. Dass ich lerne, zu meiner Art von Lebendigkeit zu stehen: zu meinen Gefühlen, meinem Leib, meinem Verstand und meiner Sicht der Dinge.

Die Frage ist: Bin ich mir meiner selbst bewusst?

Habe ich ein Ja zu mir? Lebe ich in Frieden mit mir?

Folgende Fragen helfen, sich näher damit zu beschäftigen:

- Wie würden Sie Ihre Persönlichkeit und Art beschreiben?
- Was denken Sie über sich selbst?
- Was spüren Sie, wenn Sie über sich nachdenken?
- Was sagen Sie manchmal zu sich selbst, über sich selbst?
- Empfinden Sie eine Abneigung gegen sich selbst oder gar Selbsthass?
- Haben Sie schon eine Antwort gefunden, warum Sie sich (manchmal) so wenig leiden können? Wenn ja, welche?
- Welche Gaben und Fähigkeiten haben Sie und nennen Sie?
- Wie möchten Sie mit sich selbst umgehen?

Hier ist wieder wichtig, dass Sie Ihre inneren Wünsche erkennen und sich nicht von einer vorhandenen Resignation lähmen lassen.

Die Beziehung zu meinem Volk, in das ich hineingeboren wurde

Hier ist es ähnlich wie bei der Familie, nur haben wir eine andere Dimension. Aber auch hier können wir uns nicht lösen. Das Ziel ist, sich z. B. als Deutscher zu identifizieren und sich als Teil eines ganzen Volkes zu sehen. Das bringt einen weiteren Horizont und Verantwortung mit sich. Wir können uns fragen:

- Kennen wir unsere (deutsche, schweizerische, …) Geschichte?
- Und wie reagieren wir darauf? Schämen wir uns für die dunklen Stellen? Oder sind wir in der Lage, genauso das großartige Erbe zu sehen und weiterzuführen wie auch Versagen und Schuld zu erkennen und es als Teil unseres Erbes anzunehmen?
- Wie empfinden Sie sich als (Deutsche, Schweizerin …)?
- Womit können Sie sich gut identifizieren? Womit können Sie sich nicht so gut identifizieren? (Diese Frage kann man oft gut beantworten, wenn man einmal im Ausland war und Unterschiede erlebt hat)
- Wie wollen Sie sich sehen und gesehen werden?
- Wie sehen Sie unsere Gesellschaft? Welche Werte sind Ihnen für unser Land wichtig?

Die Beziehung zu Gott

Hier wird nun der weiteste Kreis gesteckt. Die Beziehung zu Gott geht über Familienverbände und Völker hinaus, hier geht es um unser Woher und Wohin. Deshalb ist der Verlust dieser Beziehung äußerst tragisch. Wenn wir sagen, dass wir aus Gott leben und auf ihn zu leben, dann müssen wir auch sagen, dass wir ohne Gott überhaupt nicht leben.

Das Ziel ist, für meine Identität folgende Fragen klar beantworten zu können: Habe ich eine innere Verbundenheit mit Gott? Glaube ich, dass ich von ihm komme? Und glaube ich, dass ich zu ihm gehe?

Wir können über unsere Beziehung zu Gott mit folgenden Fragen nachdenken:

- Wie würden Sie Ihre Beziehung zu Gott beschreiben?
- Was empfinden Sie in der Beziehung zu Gott?
- Welche Sicht haben Sie von Gott?
  Hier ist es wichtig, keine „innere Verbotstafel" aufzustellen, sondern zu versuchen, die eigenen Vorstellungen auszudrücken.
- Haben Sie manchmal Angst vor Gott?

- Gibt es Situationen, in denen Sie von Gott enttäuscht sind?
- Was für eine Beziehung möchten Sie gern zu Gott haben?
- Meinen Sie, dass Gott bestimmte Erwartungen an Sie hat? Wenn ja, welche?
- Könnte es sein, dass sich Ihr Bild von Gott von der Art Ihrer Mutter bzw. der Art Ihres Vaters abgeleitet hat?

Die Beziehung Jesu zu mir

Viele von uns wissen, dass Jesus sie liebt, aber es dringt nicht zu ihrem Herzen vor. Sie ringen darum, diese Liebe zu erfassen und in sich aufzunehmen, und es gelingt ihnen nicht. Oftmals verstellen ihnen andere Bilder den Blick oder sie sind innerlich durch manche Verletzungen blockiert, diese große Liebe zu erfassen. Manchmal braucht es die Erfahrung, von Menschen geliebt und angenommen zu sein, um sich so Gottes Liebe überhaupt öffnen zu können. Manchmal geht eine Heilung von Verletzungen voraus, die im Leben geschehen sind.

Es ist daneben eine große Hilfe, einmal die Liebe Jesu zu betrachten und sich dann die Fragen zu stellen:

* Was an Jesus, an seiner Liebe berührt mich am ehesten/am meisten?
* Warum ist es gerade dies? Wonach sehne ich mich?
* Was könnte mich in meinem Leben daran hindern, diese Liebe anzunehmen?
  – Gibt es Enttäuschungen und Verletzungen, die es mir schwer machen?
  – Wenn ja, welche könnten das sein?

Jesus liebt uns tief, leidenschaftlich, uneigennützig, voller Wahrheit und Weisheit. Er sehnt sich danach, dass wir seine Liebe erwidern. Er übt keinen Druck aus. Er hat Geduld und er sehnt sich danach, in ständiger und inniger Gemeinschaft mit uns leben zu können. Er wartet auf meine Liebe, sieht jeden Ansatz (gerade auch unsere Sehnsucht, dass wir seine Liebe erkennen möchten!) und freut sich darüber. Er gebraucht seine Macht, um uns stark zu machen. Er ermutigt uns, Geduld zu lernen – auch mit uns selbst – und zu glauben, dass wir dahin gelangen werden, unser Herz für seine Liebe zu öffnen und sie zu erwidern.

Jesus Christus hat mich losgekauft

„Christus hat euch losgekauft, aber nicht mit Geld, sondern mit seinem eigenen kostbaren Blut, das er als unschuldiges, reines Lamm Gottes für uns geopfert hat." (1. Petr. 1,18b.19)
   „Die größte Liebe beweist jemand, der sein Leben für die Freunde hingibt." (Joh. 15,13)

Jesus gewährt mir seine Freundschaft

„Ich nenne euch nicht mehr Knechte. ... Ihr aber seid meine Freunde; denn ich habe euch alles gesagt, was ich vom Vater gehört habe. Nicht ihr habt mich erwählt, sondern ich habe euch zu mir gerufen, damit ihr Frucht bringt." (Joh. 15,15.16)

Jesus gibt mir Zugehörigkeit

„Hab keine Angst, ..., denn ich habe dich erlöst. Ich habe dich bei deinem Namen gerufen, du gehörst zu mir." (Jes. 43,1)

Jesus liebt mich zärtlich und tröstet mich

„Ich habe euch schon immer geliebt, darum bin ich euch stets mit Güte begegnet". (Jer. 31,3)
   „Er wird seine Herde weiden wie ein Hirte. Er wird die Lämmer in seinen Arm sammeln und im Bausch seines Gewandes tragen und die Mutterschafe führen." (Jes. 40,11 LÜ)
   „In dieser Stadt werdet ihr euch wie Kinder fühlen, die ihre Mutter auf den Armen trägt, auf den Schoß nimmt und liebkost. Ich will euch trösten, wie eine Mutter ihr Kind." (Jes. 66,12a.13)

Jesus lässt mich nie im Stich. Er steht immer zu mir

„Ihr dürft sicher sein: Ich bin immer und überall bei euch, bis ans Ende der Welt." (Mt. 28,20a)

„Seid nicht hinter dem Geld her, sondern zufrieden mit dem, was ihr habt. Denn Gott hat euch versprochen: ,Niemals werde ich euch verlassen. Ich werde für euch sorgen, dass es euch an nichts fehlt.'" (Hebr. 13,5)

Jesus fasst mich an der Hand

„Fürchte dich nicht, ich bin mit dir; hab keine Angst, denn ich bin dein Gott. Ich mache dich stark, ich helfe dir, mit meiner siegreichen Hand beschütze ich dich. ... Denn ich bin der Herr, dein Gott. Ich nehme dich an deiner rechten Hand und sage: Hab keine Angst, ich helfe dir." (Jes. 41,10.13)

Jesus zählt meine Tränen

„Jede Träne hast du gezählt, ja, alle sind in deinem Buch festgehalten." (Ps. 56,9)

Jesus lädt mich ein, um mich zu erquicken und zur Ruhe zu bringen

„Kommt alle her, die ihr euch abmüht und unter eurer Last leidet! Ich will euch Frieden geben." (Mt. 11,28)

„Ich bin zur Ruhe gekommen. Mein Herz ist zufrieden, und still wie ein Kind in den Armen seiner Mutter, so ruhig und geborgen bin ich bei dir!" (Ps. 131,2)

Jesus möchte von mir geliebt werden

„Wie sehr habe ich mich danach gesehnt, mit euch das Passahmahl zu essen, bevor ich leiden muss." (Luk. 22,15)
„Liebst du mich?" (Joh. 21,15)

Jesus beschützt mich

„Denn du hast mir immer geholfen; ich preise dich, unter deinem Schutz bin ich sicher und geborgen." (Ps. 63,8)
„Wer unter dem Schutz des Höchsten wohnt, der kann bei ihm, dem Allmächtigen, Ruhe finden. Auch ich sage zu dir: ‚Bei dir finde ich Zuflucht, du schützt mich wie eine Burg! Mein Gott, dir vertraue ich!'" (Jes 91,1.2)

Jesus hat die tiefste Beziehung zu mir

„… dass Christus durch den Glauben *in euren Herzen wohne* und ihr in der Liebe eingewurzelt und gegründet seid. So könnt ihr mit allen Heiligen begreifen, welches die Breite und die Länge und die Höhe und die Tiefe ist, auch die Liebe Christi erkennen, die alle Erkenntnis übertrifft, damit ihr erfüllt werdet mit der Gottesfülle." (Eph. 3,17-19 LÜ)

Jesus versteht mich

„Denn weil er selbst gelitten hat und denselben Versuchungen des Satans ausgesetzt war wie wir Menschen, kann er uns in allen Versuchungen helfen." (Hebr. 2,18)
„Herr, du erforschest und kennest mich … du verstehst meine Gedanken von ferne … du siehst alle meine Wege. Es ist kein Wort auf meiner Zunge, das du nicht schon wüsstest. … Deine Augen sahen mich, als ich noch nicht bereitet war." (Ps. 139,1-4.16 LÜ)

Jesus kennt mich und liebt mich

„Nichts ist so undurchschaubar wie das menschliche Herz, es ist unheilbar krank. Wer kann es ergründen? Ich, der Herr, durchschaue es; ich kenne jeden Mensch ganz genau ..." (Jer. 17,9.10)

„Jesus sah ihn voller Liebe an: ,Eins fehlt dir noch ...'" (Mark. 10,21)

Jesus erzieht mich und hat nur Gutes im Sinn

„Mein Sohn (meine Tochter), wenn der Herr dich zurechtweist, dann sei nicht entrüstet, denn darin zeigt sich seine Liebe." (Hebr. 12,5.6)

„Nehmt meine Herrschaft an und lebt darin! Lernt von mir! Ich komme nicht mit Gewalt und Überheblichkeit. Bei mir findet ihr, was eurem Leben Sinn und Ruhe gibt. Ich meine es gut mit euch und bürde euch keine unerträgliche Last auf." (Mt. 28,29.30)

Jesus hilft mir im Leid

„In allen Schwierigkeiten ermutigt er uns und steht uns bei, sodass wir auch andere trösten können ..." (2. Kor. 1,4)

„Ich bin ganz sicher, dass alles, was wir jetzt erleiden, nichts ist, verglichen mit der Herrlichkeit, die wir einmal erfahren werden. Das eine aber wissen wir: Wer Gott liebt, dem dient alles, aber auch wirklich alles zu seinem Heil; denn dazu hat Gott selbst ihn erwählt und berufen." (Röm. 8,18.28)

Jesus schämt sich meiner nicht

„Jetzt haben wir alle den einen Vater ... Darum schämt sich Christus auch nicht, uns seine Brüder (Schwestern) zu nennen." (Hebr. 2,11)

„Maria, sagte Jesus nun, ... gehe aber zu meinen Brüdern und sage ihnen: Ich gehe zurück zu meinem Vater und zu eurem Vater ..." (Joh. 20,16.17)

Jesus hat sich für mich erniedrigt

„Er war der Allerverachtetste und Unwerteste, voller Schmerzen und Krankheit. Er war so verachtet, dass man das Angesicht vor ihm verbarg ... Wer aber kann sein Geschick ermessen?" (Jes. 53,3.8 LÜ)

„Er erniedrigte sich selbst und war Gott gehorsam bis zum Tod, ja bis zum schändlichen Tod am Kreuz." (Phil. 2,8)

Jesus leidet an meiner statt

„Aber er ist um unserer Missetat willen verwundet und um unserer Sünde willen zerschlagen. Die Strafe liegt auf ihm, auf dass wir Frieden hätten, und durch seine Wunden sind wir geheilt." (Jes. 53,5 LÜ)

„Seht, das ist Gottes Opferlamm, das die Sünden aller Menschen (und alles Leid, das daraus folgt) hinwegtragen wird." (Joh. 1,29)

Jesus fordert heraus

„Wer seinen Vater oder seine Mutter, seinen Sohn oder seine Tochter mehr liebt als mich, der ist es nicht wert, dass ich für ihn da bin." (Mt. 10,37)

„Du bist weder kalt noch heiß. Ach, wärst du doch das eine oder das andere! Aber du bist lau. Das ekelt mich an, und ich werde dich ausspucken. Du hältst viel von dir und sagst: ‚Ich bin reich und habe alles, was ich brauche! Was bist du nur für ein Narr! Du merkst gar nicht, wie es wirklich um dich steht und wie jämmerlich du dran bist: arm, blind und nackt bist du. ... Es ist ein Zeichen meiner Liebe, wenn ich deine Schuld aufdecke. ... Nimm es dir zu Herzen und kehre um." (Off. 3,15-17.19)

Jesus vergisst mich nie

„Kann eine Mutter ihren Säugling vergessen? Bringt sie es übers Herz, das Neugeborene seinem Schicksal zu überlassen? Und selbst wenn sie es vergessen würde – ich vergesse dich niemals! Unauslöschlich habe ich deinen Namen in meine Handflächen geschrieben." (Jes. 49,15.16)

Jesus sieht in mir einen wertvollen Menschen

„Wie klein ist doch der Mensch! Und doch beachtest du ihn! Winzig ist er, und doch kümmerst du dich um ihn! Du hast ihn zur Krone der Schöpfung erhoben und ihn mit hoher Würde bekleidet. Nur du stehst über ihm." (Ps. 8,5.6)

„... weil du in meinen Augen so wertgeachtet und auch herrlich bist und weil ich dich lieb habe. Ich gebe Menschen an deiner statt, Völker für dein Leben." (Jes. 43,4 LÜ. Neutestamentlich könnte man anstelle von ‚Menschen' und ‚Völker' Jesus selbst einsetzen)

Jesus möchte sich an mich verschenken – und zwar mit allem, was er hat

„Der auch seinen eigenen Sohn nicht verschont hat, sondern hat ihn für uns alle dahingegeben – wie sollte er uns mit ihm nicht alles schenken?" (Röm. 8,32 LÜ)

„Alles, was zum Leben und göttlichen Wandel dient, hat uns seine göttliche Kraft geschenkt durch die Erkenntnis dessen, der uns berufen hat durch seine Herrlichkeit und Kraft." (2. Petr. 1,3 LÜ)

„... zu erkennen, das Geheimnis Gottes, das Christus ist, in welchem verborgen liegen alle Schätze der Weisheit und Erkenntnis." (Kol. 2,2.3 LÜ)

Jesus beauftragt und würdigt mich

„Geht hinaus in die ganze Welt und ruft alle Menschen in die Nachfolge." (Mt. 28,19)
    „... du wirst noch Größeres als das sehen." (Joh. 1,50)
    „Dienet einander, ein jeder mit der Gabe, die er empfangen hat ..."
(1. Petr. 4,10 LÜ)

Man könnte die Liste sicher noch fortsetzen. Gott hat eine große Vision für unser Leben. Wir sind seine Söhne und Töchter, die gewürdigt sind, aufrechten Ganges in der Welt zu leben. Wir sind befreit zu einem reichen Leben unter seiner liebevollen Führung. Auch in allem Leid und vielen Rätseln ist er direkt dabei; er möchte unser Leben immer tiefer heilen und aufrichten.

Ich lade Sie ein: Lassen Sie sich hineinnehmen in seine große Vision. Jesus wird Ihnen Kraft und die Geduld geben, dies immer tiefer zu erfassen.

Bibliografische Angaben

Böckmann, Angelika „Meine Mutter und ich", Asslar, Gerth Medien 2000

Eckstein, Hans-Joachim „Niemand anders" aus: „Du liebst mich, also bin ich", Neuhausen, Hänssler 2001, Seite 26
Eldrege, John „Folge deinem Traum", Gießen, Brunnen Verlag 2005, Seite 83

Fabiano, Frank und Catherine „Mut zur Reife – Entwicklung und Fehlentwicklungen des Menschen verstehen. Wege zur Heilung finden", Asslar, Gerth Medien 2001, Seiten 8, 17, 36, 38
Fried, Erich „Gedichte", München, Deutscher Taschenbuch Verlag 1996, Seite 107

Gutscher, Frieder „Ich aber will", CD „Im Gespräch", 1999 cap!-music, 72213 Altensteig, info@cap-music.de

Hallesby, Ole „Vom Gewissen", antiquarisch erhältlich
Hüsch, Hanns Dieter „Ich setze auf die Liebe", Moers, Brendow-Verlag, 2. Auflage 2000

Jung, Mathias Dr. phil. „Versöhnung. Töchter, Söhne, Eltern", Lahnstein, emu-Verlags-GMbH 2006

Missildine, W. Hugh „In dir lebt das Kind, das du warst. Vorschläge zur Bewältigung des Alltags", Stuttgart, Klett-Cotta-Verlag
Modersohn-Becker, Paula „Ein Buch der Freundschaft", Verlag Atelier im Bauernhaus, 1985

Nouwen, Henri „Die innere Stimme der Liebe. Aus der Tiefe der Angst zu neuem Vertrauen", Freiburg, Herder-Verlag, 6. Auflage 2000

Plass, Adrian „Ein Lächeln auf dem Gesicht Gottes. Das ungewöhnliche Leben des Philip Ilott", Moers, Brendow-Verlag 2001

Strauch, Peter „Wenn der Glaube auf der Strecke bleibt", Seite 50, antiquarisch erhältlich

Werth, Jürgen „Menschen wie Menschen", CD „Besonders wertvoll", 1991 PILA Music, Dettenhausen

Weiterführende Literatur

Persönlichkeitsentfaltung

Brent Curtis/John Eldredge „Ganz leise wirbst du um mein Herz" (Brunnen Verlag)

Ehepaar Fabiano „Mut zur Reife" (Gerth Medien)

W. Hugh Missildine „In dir lebt das Kind, das du warst" (Klett-Cotta-Verlag)

Walter Köhler „Entfalte deine Persönlichkeit" (Verlag Liebenzeller Mission)

Cornelia Geister „Schenk dir ein Lächeln" (Brunnen Verlag)

Friedbert Gay „Persönliche Stärke ist kein Zufall" (Brockhaus Verlag)

Josh McDowell „Werden wie Gott mich meint" (Edition Trobisch)

Bill Hybels „Entfalte deinen Charakter" (Gerth Medien)

Identität

John Eldredge „Folge deinem Traum" (Brunnen Verlag)

Henri Nouwen „Die innere Stimme der Liebe" (Herder Verlag)

Adrian Plass „Ein Lächeln auf dem Gesicht Gottes" (Brendow Verlag)

Ole Hallesby „Vom Gewissen" (antiquarisch erhältlich)

Bruce und Barbara Thompsen „Wiederherstellung der Persönlichkeit" (Verlag Gottfried Bernhard)

Adrian Plass „Ein Außerirdischer im Kirchenschiff" (Brendow Verlag)

Versöhnung

Joachim Kix „Versöhnung ist mehr als ein Wort" (Brendow Verlag)

Curt Grayson/Jan Johnson „Versöhnt mit der Vergangenheit" (Blaukreuz Verlag)

Mathias Jung „Versöhnung" (emu-Verlag)

Verletzungen

Alice Miller „Das Drama des begabten Kindes" (Suhrkamp Verlag)
Susan Forward „Vergiftete Kindheit" (Goldmann Verlag)
Samuel Pfeiffer „Wenn der Glaube zum Problem wird" (Brendow Verlag)

Beziehungen

Dietmar Pfennighaus „In mir selbst zu Hause sein" (Brockhaus Verlag)
John Ortberg „Jeder ist normal bis du ihn kennen lernst" (Gerth Medien)
Harry Müller „Beziehungen bauen Brücken" (Hänssler Verlag)
Ken Campbell „Achterbahn der Gefühle" (CV-Dillenburg)
Lori Rentzel „Gefühlsmäßige Abhängigkeit" (Brunnen Verlag)
Adrian Plass „Das Wiedersehen" (Brendow Verlag)
Valerie McIntre „Wie Schafe im Wolfspelz" (Asaph Verlag)

Mutterschaft/Vaterschaft

Peter Meadows „Als Vater wird man nicht geboren" (Brunnen Verlag)
Carol Kuykendall „Gelassen loslassen" (Brunnen Verlag)
Gary Smalley/John Trent „Das Geschenk der Ehre" (Francke Verlag)

Gottesbeziehung

Neil T. Anderson „Neues Leben – neue Identität" (Logos Verlag)
Floyd McClung „Das Vaterherz Gottes" (One Way Verlag)
Gary L. Thomas „Neun Wege Gott zu lieben" (Brockhaus Verlag)
Matthias Hoffmann „100 Tage in der Liebe des Vaters" (cap! music)
Ulla Schaible „Mein Glaube soll mitwachsen" (Brunnen Verlag)
Harald Petersen „Ist Gott wirklich so?" (Johannis Verlag)
Karl Frielingsdorf „Dämonische Gottesbilder" (Topos plus Verlagsgemeinschaft)

Kommunikation

Doris Märtin/Karin Boeck „small talk" (Heyne Verlag)
Vera F. Birkenbihl „Kommunikationstraining" (Weltbild Verlag)

Kreative Literatur/Musik

Hanns Dieter Hüsch „Ich setze auf die Liebe" (Brendow Verlag)
Hans-Joachim Eckstein „Ich habe meine Mitte in dir" (Hänssler
Verlag)
Antje S. Naegeli „Du bist nicht allein" (Herder Verlag)
Hanne Baar (Hrsg.) „Gottesverwechslung" (Hymnus Verlag)
Hanne Baar (Hrsg.) „Gottesbegegnung" (Hymnus Verlag)
CD Frieder Gutscher „Im Gespräch" (cap! music)
CD Andrea Adams-Frey „Das lila Album" (Gerth Medien)

* Mann sein/Frau sein

John Eldredge „Der ungezähmte Mann" (Brunnen Verlag)
Klaus Rudolf Berger „Mannsein verstehen und leben" (Verlag
Das gute Buch)
Richard Rohr „Der wilde Mann" (Claudius Verlag)
Ingrid Trobisch „Du bist eine starke Frau" (Brockhaus Verlag)
John und Stacy Eldredge „Weißt du nicht, wie schön du bist?"
(Brunnen Verlag)

** Verhältnis zu den Eltern

Angelika Böckmann „Meine Mutter und ich" (Gerth Medien)
Cornelia Mack „Töchter und Mütter" (Hänssler Verlag)
Norman Wright „Mein Vater und ich" (Hänssler Verlag)